스페인어 회화 100일의 기적

100일 후에는 나도 스페인어로 말한다!

스페인어회화 100일의 기적

지은이 민킴(Min Kim)
펴낸이 임상진
펴낸곳 (주)넥서스

초판 1쇄 발행 2018년 9월 15일
초판 7쇄 발행 2024년 4월 1일

2판 1쇄 인쇄 2025년 8월 25일
2판 1쇄 발행 2025년 9월 5일

출판신고 1992년 4월 3일 제311-2002-2호
주소 10880 경기도 파주시 지목로 5
전화 (02)330-5500 팩스 (02)330-5555

ISBN 979-11-94643-05-0 13770

출판사의 허락 없이 내용의 일부를
인용하거나 발췌하는 것을 금합니다.
저자와의 협의에 따라서 인지는 붙이지 않습니다.

가격은 뒤표지에 있습니다.
잘못 만들어진 책은 구입처에서 바꾸어 드립니다.

www.nexusbook.com

100일 후에는 나도 스페인어로 말한다!

스페인어 회화
100일의 기적

민킴 지음

넥서스

나 ....는
스페인어회화 100일의 기적으로
100일 뒤 반드시
스페인어 초보를 탈출할 것이다.

스페인어 회화 잘하는 비결

끝없이 펼쳐진 길을 걷는 두 사람이 있습니다. 앞만 보고 걷는 사람, 길가에 핀 꽃을 보고 걷는 사람. 과연 두 사람 중 누가 목적지에 도착할 수 있을까요? 저 멀리 목적지만 보고 걷는 사람은 한참을 걸어도 제자리 걸음인 것처럼 느껴집니다. 그리고 머지않아 낙담하고 걷기를 포기하게 됩니다. 하지만 길가에 핀 야생화를 감상하며 걷는 사람은 여행이 즐겁습니다. 이렇게 한 걸음, 한 걸음 내딛는 발걸음으로 마침내 목적지에 도착하게 됩니다.

스페인어를 공부하는 것은 장거리 도보 여행을 떠나는 것과 같습니다. '내 실력이 언제 향상될까'만 생각하는 사람은 빨리 지치게 됩니다. 하지만 오늘 이루어내는 작은 성취에 집중하는 사람은 꾸준히 공부할 수 있어 결국 유창한 스페인어 실력을 얻게 됩니다.

민킴과 100일 동안의 스페인어 여행을 떠나기 앞서 다음과 같은 목표를 설정해 보세요.
1. 하루에 1과 해설강의 듣고 공부하기
2. 본문 내용 10번 듣고 20번 읽기
3. 어제 내용 복습 및 외우기

그리고 오늘 이룬 성취를 노트에 작성해 보세요. 공부가 끝난 후 스스로 머리를 쓰다듬으며 '오늘도 해냈어'라고 말해 보세요. 이런 작은 목표를 성취하다 보면 어느덧 놀라운 변화가 일어납니다. 전에 이해하지 못했던 문장 구조가 이해되기 시작하고 매번 꼬였던 발음이 술술 나오기 시작합니다. 듣기 실력이 향상되고 마침내 스페인어로 생각하고 말하게 됩니다.

Lo que fácil viene, fácil se va라는 말이 있습니다. '쉽게 온 것은 쉽게 간다'는 스페인어 속담입니다. 앞으로 여러분이 떠날 스페인어 여행은 분명 쉬운 길은 아닙니다. 하지만 많은 노력이 필요한 만큼 분명 가치 있고 보람된 길입니다.

이제 '스페인어 100일의 기적' 여행을 떠날 준비가 되셨나요?
¡Muy bien!   자, 이제 출발합니다!

저자 민킴

스페인어회화 100일의 기적 공부법

1 오늘의 표현 확인!
이 문장만은 꼭 외워 주세요.

2 해설강의 듣기
먼저 저자 선생님의 해설강의를 들어 보세요.
어떤 상황에서 쓸 수 있는 표현인지
어떤 뉘앙스인지 핵심을 콕콕 집어 알려 줍니다.

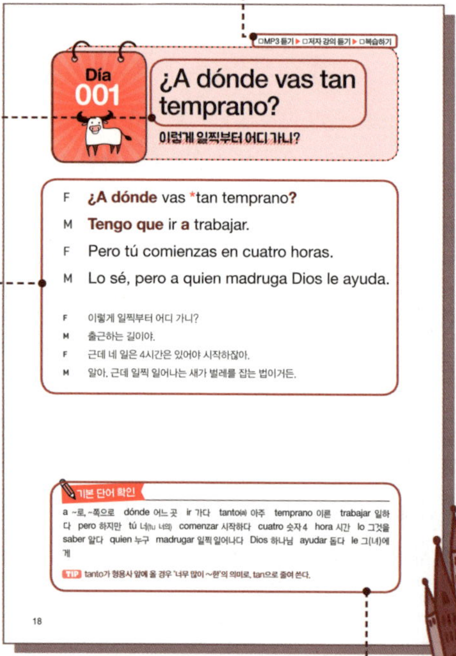

☐ MP3 듣기 ▶ ☐ 저자 강의 듣기 ▶ ☐ 복습하기

Día 001

¿A dónde vas tan temprano?
이렇게 일찍부터 어디 가니?

F **¿A dónde** vas *tan temprano**?**
M **Tengo que** ir **a** trabajar.
F Pero tú comienzas en cuatro horas.
M Lo sé, pero a quien madruga Dios le ayuda.

F 이렇게 일찍부터 어디 가니?
M 출근하는 길이야.
F 근데 네 일은 4시간은 있어야 시작하잖아.
M 알아, 근데 일찍 일어나는 새가 벌레를 잡는 법이거든.

기본 단어 확인
a ~로, ~쪽으로   dónde 어느 곳   ir 가다   tanto(ا) 아주   temprano 이른   trabajar 일하다   pero 하지만   tú 너(는/에게)   comenzar 시작하다   cuatro 숫자 4   hora 시간   lo 그것을   saber 알다   quien 누구   madrugar 일찍 일어나다   Dios 하나님   ayudar 돕다   le 그(녀)에게

TIP tanto가 형용사 앞에 올 경우 '너무 많이 ~한'의 의미로, tan으로 줄여 쓴다.

---

3 왕초보 생활 스페인어
재미있는 상황 속의 대화를 통해
표현을 쉽게 이해할 수 있도록 했습니다.
현지에서 직접 녹음한 원어민 MP3 파일을
여러 번 들어 보고, 따라 말하는 연습을 해
보세요.

4 단어
잘 안 외워지는 단어는
형광펜으로 표시해 놓고 보면
편하겠죠?

5 핵심 표현 익히기
다이얼로그 속에서 뽑은 핵심 표현입니다.
왕초보 탈출에 꼭 필요한 표현이니 꼭 외워 두세요.

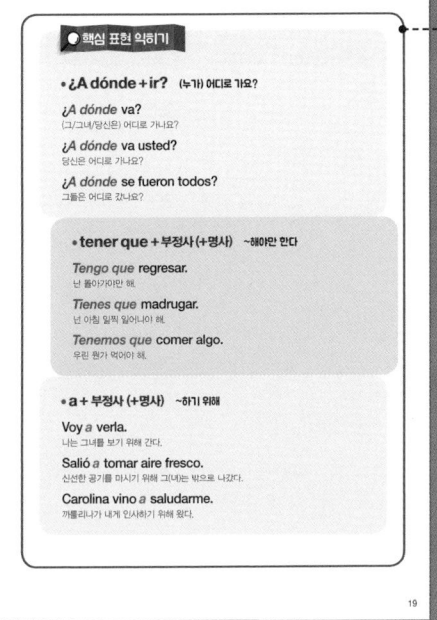

● 핵심 표현 익히기

• ¿A dónde + ir? (누가) 어디로 가요?

¿A dónde va?
(그/그녀/당신은) 어디로 가나요?
¿A dónde va usted?
당신은 어디로 가나요?
¿A dónde se fueron todos?
그들은 어디로 갔나요?

• tener que + 부정사 (+명사) ~해야만 한다

Tengo que regresar.
난 돌아가야만 해.
Tienes que madrugar.
넌 아침 일찍 일어나야 해.
Tenemos que comer algo.
우린 뭔가 먹어야 해.

• a + 부정사 (+명사) ~하기 위해

Voy a verla.
나는 그녀를 보기 위해 간다.
Salió a tomar aire fresco.
신선한 공기를 마시기 위해 그(녀)는 밖으로 나갔다.
Carolina vino a saludarme.
까롤리나가 내게 인사하기 위해 왔다.

무료 MP3 & 해설강의 듣는 방법

원어민 MP3 듣기
• 스마트폰으로 책 속의 QR코드를 인식하세요.
• PC에서 MP3 다운받기 www.nexusbook.com

저자 해설강의 듣기
• 스마트폰으로 책 속의 QR코드를 인식하세요.
• 오디오클립에서 스페인어회화 100일 을 검색하세요.

audioclip.naver.com

• 100일의 기적 학습 진도표 •

	Día 001~012	페이지	공부한 날	
Día 001	¿A dónde vas tan temprano? 이렇게 일찍부터 어디 가니?	18	월	일
Día 002	¡Qué mala memoria tienes! 넌 참 기억력도 나쁘다!	20	월	일
Día 003	No está a la venta 그거 파는 거 아니에요	22	월	일
Día 004	Yo soy tu profesora 내가 네 선생님이야	24	월	일
Día 005	La fiesta de disfraces 코스튬 파티	26	월	일
Día 006	Mira el lado positivo 긍정적인 면을 봐	28	월	일
Día 007	Algo interesante 흥미로운 것	30	월	일
Día 008	Tú eres el maestro 네가 선생이잖니	32	월	일
Día 009	Un elefante en la casa 집 안에 있는 코끼리	34	월	일
Día 010	¿A qué se dedica tu papá? 너희 아버지는 뭐 하시니?	36	월	일
Día 011	Oración por los alimentos 식사 기도	40	월	일
Día 012	Quiero extraer una muela 어금니를 뽑고 싶어요	42	월	일

Día 013~024

		페이지	공부한 날	
Día 013	Tú me mentiste 당신은 내게 거짓말했어요	44	월	일
Día 014	Se ven tan enamorados 그들은 사랑에 깊이 빠진 것 같아	46	월	일
Día 015	Perdí mi lapicero 내 샤프를 잃어버렸어	48	월	일
Día 016	Bájale un poco el volumen 볼륨 좀 줄여 줘	50	월	일
Día 017	He inventado algo 내가 뭔가를 발명했어	52	월	일
Día 018	Vamos a la playa 우리 해변에 가자	54	월	일
Día 019	Pastillas para los nervios 긴장될 때 먹는 알약	56	월	일
Día 020	¿Están contratando empleados? 일할 사람 찾고 있나요?	58	월	일
Día 021	¿Me compraste un Ferrari? 나 페라리 사 준 거야?	62	월	일
Día 022	¿Usted cómo lo sabe? 그걸 어떻게 알죠?	64	월	일
Día 023	Se le cayó un botón a mi camisa 내 셔츠에서 단추 하나가 떨어졌어	66	월	일
Día 024	¿Qué crees que está más lejos? 뭐가 더 멀리 있을까?	68	월	일

	Día 025~036	페이지	공부한 날
Día 025	¿Entrenas algún deporte? 너 운동하는 거 있어?	70	월 일
Día 026	Yo le gano en natación 내가 수영은 더 잘해	72	월 일
Día 027	Ataque cardíaco 심장 발작	74	월 일
Día 028	Fotos sin photoshop 보정 안 된 사진들	76	월 일
Día 029	¿Por qué está gritando? 왜 이렇게 소리를 질러요?	78	월 일
Día 030	Yo tampoco lo creo 저도 그렇게 생각하지 않아요	80	월 일
Día 031	No hice mi tarea 숙제를 안 했어요	84	월 일
Día 032	Tiene unas manos enormes 손이 참 크시네요	86	월 일
Día 033	A blanco y negro 흑과 백	88	월 일
Día 034	Tengo hambre 배고파요	90	월 일
Día 035	Pan duro 딱딱한 빵	92	월 일
Día 036	Día de la madre 어머니의 날	94	월 일

	Día 037~048	페이지	공부한 날
Día 037	Qué buen corazón tienes 넌 참 착하구나	96	월 일
Día 038	Mi primera cirugía 나의 첫 수술	98	월 일
Día 039	Ganas de estudiar 공부하고 싶은 마음	100	월 일
Día 040	¿Quién no ha entendido nada? 아무것도 이해 못한 사람?	102	월 일
Día 041	Una decisión difícil 어려운 결정	106	월 일
Día 042	Un padre olvidadizo 건망증 심한 아빠	108	월 일
Día 043	Ya quiero conocer a mi hermanito 동생이 얼른 보고 싶어요	110	월 일
Día 044	Dulces sueños 달콤한 꿈	112	월 일
Día 045	Jugando al fútbol 축구 게임에서	114	월 일
Día 046	¿Un conejito blanco o uno negro? 흰색 토끼 아니면 검은색 토끼?	116	월 일
Día 047	Quiero casarme con tu hija 따님과 결혼하고 싶습니다	118	월 일
Día 048	Un buen negocio 좋은 협상	120	월 일

Día 049~061

		페이지	공부한 날
Día 049	Casado y con hijos 기혼에 자식까지...	122	월 일
Día 050	Robar es algo muy malo 도둑질은 매우 나쁜 짓이다	124	월 일
Día 051	Cereal que camina 걷는 시리얼	128	월 일
Día 052	Quiero ir a vivir a Nueva York 뉴욕에 가서 살고 싶어	130	월 일
Día 053	¿Es su primer hijo? 첫 번째 아이인가요?	132	월 일
Día 054	¿Por qué no eres romántico? 당신은 왜 로맨틱하지 않아?	134	월 일
Día 055	Como el rayo del sol 태양빛 같이	136	월 일
Día 056	Un juego interesante 재미있는 놀이	138	월 일
Día 057	Debemos mirar primero nuestros errores 우리의 실수를 먼저 되돌아봐야 한다	140	월 일
Día 058	El mejor remedio para el corazón destrozado 아픈 가슴에 가장 좋은 치료법	142	월 일
Día 059	Eres una persona muy afortunada 넌 참 운이 좋다	144	월 일
Día 060	No todo lo que brilla es oro 반짝인다고 해서 모두 금은 아니야	146	월 일
Día 061	A caballo regalado, no le mires el diente 받은 선물의 값을 따지지 마라	150	월 일

	Día 062~074	페이지	공부한 날
Día 062	La delicia de las frutas 과일 먹는 즐거움	152	월 일
Día 063	Solo una botella de agua 물 한 병	154	월 일
Día 064	Algo se está quemando 뭔가 타고 있어	156	월 일
Día 065	Los jefes son como las nubes 보스는 구름과 같다	158	월 일
Día 066	¿Hay algún policía? 경찰 있어요?	160	월 일
Día 067	Demasiada televisión 과도한 TV 시청	162	월 일
Día 068	Hora del baño 목욕할 시간	164	월 일
Día 069	Las tareas de la casa 집안일	166	월 일
Día 070	Hay que ser detallista 우리는 세심해져야 해	168	월 일
Día 071	No hay como la comida fresca 신선한 음식이 최고야	172	월 일
Día 072	El celular se parece mucho a un refrigerador 냉장고와 같은 휴대폰	174	월 일
Día 073	¿Limpiaste tus zapatos? 신발 닦았니?	176	월 일
Día 074	Un gran inventor 위대한 발명가	178	월 일

	Día 075~087	페이지	공부한 날
Día 075	En el restaurante 레스토랑에서	180	월 일
Día 076	Mi billetera se parece a una cebolla 양파 같은 내 지갑	182	월 일
Día 077	El cinturón de seguridad 안전벨트	184	월 일
Día 078	Pensando en mi esposa 아내 생각	186	월 일
Día 079	No hay mejor plan 더 나은 계획은 없다	188	월 일
Día 080	El peor hotel 최악의 호텔	190	월 일
Día 081	La honestidad y otros valores 정직과 다른 가치들	194	월 일
Día 082	Tu voz me recuerda el mar 네 목소리는 바다 같아	196	월 일
Día 083	Debo tomar el tren a tiempo 서둘러 기차를 타야 해요	198	월 일
Día 084	Problemas con la bebida 주류에 관한 문제	200	월 일
Día 085	Medicina vigorizante 기운 나는 약	202	월 일
Día 086	La carne no tiene buen sabor 이 고기는 맛이 없어요	204	월 일
Día 087	Problema a la hora del desayuno 아침 식사 때 생긴 문제	206	월 일

Día 088~100		페이지	공부한 날
Día 088	Baile o canto 춤 아니면 노래	208	월 일
Día 089	Un diez en matemáticas 수학 100점	210	월 일
Día 090	El mejor trabajo del mundo 최고의 직업	212	월 일
Día 091	Heriste sus sentimientos 넌 그녀의 기분을 상하게 했어	216	월 일
Día 092	¿Cuál perro es más inteligente? 어떤 개가 더 똑똑하죠?	218	월 일
Día 093	No tengo novia 난 여자친구가 없어	220	월 일
Día 094	Un muñeco de nieve 눈사람	222	월 일
Día 095	Pocos amigos 많지 않은 친구	224	월 일
Día 096	Clase de gramática española 스페인어 문법 수업	226	월 일
Día 097	Necesito gafas 안경이 필요해	228	월 일
Día 098	Mi computador es muy lento 너무 느린 내 컴퓨터	230	월 일
Día 099	Se le escapó una tortuga 도망친 거북이	232	월 일
Día 100	Regalo en día de San Valentín 밸런타인데이 선물	234	월 일

Día 001~010

Día 001	¿A dónde vas tan temprano?	이렇게 일찍부터 어디 가니?
Día 002	¡Qué mala memoria tienes!	넌 참 기억력도 나쁘다!
Día 003	No está a la venta	그거 파는 거 아니에요
Día 004	Yo soy tu profesora	내가 네 선생님이야
Día 005	La fiesta de disfraces	코스튬 파티
Día 006	Mira el lado positivo	긍정적인 면을 봐
Día 007	Algo interesante	흥미로운 것
Día 008	Tú eres el maestro	네가 선생이잖니
Día 009	Un elefante en la casa	집 안에 있는 코끼리
Día 010	¿A qué se dedica tu papá?	너희 아버지는 뭐 하시니?

Día 001
¿A dónde vas tan temprano?
이렇게 일찍부터 어디 가니?

F　**¿A dónde** vas *****tan temprano?**

M　**Tengo que** ir **a** trabajar.

F　Pero tú comienzas en cuatro horas.

M　Lo sé, pero a quien madruga Dios le ayuda.

F　이렇게 일찍부터 어디 가니?
M　출근하는 길이야.
F　근데 네 일은 4시간은 있어야 시작하잖아.
M　알아, 근데 일찍 일어나는 새가 벌레를 잡는 법이거든.

✎ 기본 단어 확인

a ~로, ~쪽으로　dónde 어느 곳　ir 가다　tanto(a) 아주　temprano 이른　trabajar 일하다　pero 하지만　tú 너(tu 너의)　comenzar 시작하다　cuatro 숫자 4　hora 시간　lo 그것을　saber 알다　quien 누구　madrugar 일찍 일어나다　Dios 하나님　ayudar 돕다　le 그(녀)에게

TIP tanto가 형용사 앞에 올 경우 '너무 많이 ~한'의 의미로, tan으로 줄여 쓴다.

🔍 핵심 표현 익히기

- **¿A dónde + ir?** (누가) 어디로 가요?

  ¿A dónde va?
  (그/그녀/당신은) 어디로 가나요?

  ¿A dónde va usted?
  당신은 어디로 가나요?

  ¿A dónde se fueron todos?
  그들은 어디로 갔나요?

- **tener que** + 부정사 (+명사)   ~해야만 한다

  Tengo que regresar.
  난 돌아가야만 해.

  Tienes que madrugar.
  넌 아침 일찍 일어나야 해.

  Tenemos que comer algo.
  우린 뭔가 먹어야 해.

- **a** + 부정사 (+명사)   ~하기 위해

  Voy *a* verla.
  나는 그녀를 보기 위해 간다.

  Salió *a* tomar aire fresco.
  신선한 공기를 마시기 위해 그(녀)는 밖으로 나갔다.

  Carolina vino *a* saludarme.
  까롤리나가 내게 인사하기 위해 왔다.

Día 002
¡Qué mala memoria tienes!
넌 참 기억력도 나쁘다!

F ¿Qué te pasó? ¿Por qué **estás** mojado?

M No pude encontrar mi *paraguas.

F **¡Qué** mala memoria tienes!

M **Por lo menos** recordé el camino a tu casa.

F 무슨 일이야? 왜 이리 젖었어?

M 우산을 찾을 수가 없었거든.

F 넌 참 기억력도 나쁘다!

M 그래도 너희 집은 잘 찾아왔잖아.

기본 단어 확인

qué 무엇, 무슨 일 pasar 일어나다 estar ~한 상태이다 mojado(a) 젖은 poder ~할 수 있다 encontrar 찾다 paraguas 우산 malo(a) 나쁜 memoria 기억력 por lo menos 최소한 recordar 기억하다 camino 길 casa 집

TIP paraguas는 parar(멈추다)와 agua(물)가 합쳐진 단어로 단수와 복수의 형태가 같다. 본문에서는 단수로 쓰였기 때문에 mis paraguas가 아닌 mi paraguas가 되었다.

🔍 핵심 표현 익히기

• estar + 형용사　~한 상태이다

Estoy triste.
나는 슬프다.

La niña ***está*** contenta.
그 여자아이는 만족스럽다.

Yo no ***estoy*** asustado.
난 겁에 질려 있지 않아.

• qué + 명사/형용사 + 동사　(누가/무엇이) 참 ~하다

¡*Qué* prisa tiene!
그(녀)는 정말 바쁘구나!

¡*Qué* tonto eres!
넌 참 바보 같구나!

¡*Qué* rojo es!
그것은 참 빨갛구나!

• por lo menos　최소한

Por lo menos tengo dinero.
최소한 나는 돈이 있잖아.

Por lo menos eres inteligente.
최소한 너는 머리가 좋잖아.

Juan necesita *por lo menos* dos meses para recuperarse.
후안은 회복하려면 최소 두 달은 필요해.

Día 003
No está a la venta
그거 파는 거 아니에요

- M Perdón señorita, **¿cuánto cuesta?**
- F ¿Le gustó el saco o el pantalón?
- M Ninguno de los dos, **estoy *interesado en** el gato.
- F No está **a la venta**, es mi mascota.

- M 아가씨, 실례합니다. 얼마예요?
- F 재킷과 바지 중 어떤 걸 말씀하시는 건가요?
- M 둘 다 아니에요. 저는 고양이가 맘에 들어요.
- F 그거 파는 거 아니에요. 제 애완동물이거든요.

기본 단어 확인

Perdón 실례합니다 señorita 아가씨 cuánto 얼마나 costar 값이 ~이다 saco 재킷
pantalón 바지 ninguno (de) (~ 중에서) 어느 것도 아니다 de ~ 중에서 interesado(a) 관심 있는
gato 고양이 venta 판매 mascota 애완동물

TIP 화자가 남성이기에 interesada가 아닌 interesado가 쓰였다.

🔍 핵심 표현 익히기

• ¿Cuánto cuesta...? ~은 얼마예요?

¿Cuánto cuesta esto?
이것은 얼마예요?

¿Cuánto cuesta cada uno?
각각 얼마예요?

¿Cuánto cuesta este libro?
이 책은 얼마예요?

• estar interesado(a) en + 명사 ~에 관심이 있다

Estoy interesada en el proyecto.
난 그 프로젝트에 관심이 있어.

No *estoy interesado en* ellos.
난 그들에겐 관심이 없어.

Juan *está interesado en* política.
후안은 정치에 관심이 있다.

• a la venta 판매 중인

Tengo mis cámaras *a la venta*.
제 카메라를 판매 중입니다.

Mi casa no está *a la venta*.
제 집은 판매 중이 아닙니다.

Ese carro negro está *a la venta*.
저 검은 차는 판매 중입니다.

Día 004 — Yo soy tu profesora
내가 네 선생님이야

M ¿Sabes dónde queda el *aula para aprender español?

F Claro, yo **voy para** allá.
Queda por este pasillo a la izquierda.

M Entonces vamos juntos; **creo que** seremos compañeros.

F **De ninguna manera**, joven.
¡Yo soy tu profesora!

M 스페인어 배우는 교실이 어딘지 알아?
F 물론이지, 나도 거기 가는 길이야. 이 복도 왼쪽에 있어.
M 그럼 같이 가자. 우리 짝이 될 것 같아.
F 그럴 순 없어. 나는 네 선생님이거든!

기본 단어 확인

saber 알다   dónde 어디   quedar 위치하다, 있다, 남다   aula 교실   aprender 배우다   Claro 물론이지   allá 저쪽으로, 저곳에   pasillo 복도   izquierda 왼쪽   entonces 그렇다면   juntos 함께   creer que ~라고 생각하다, ~라고 확신하다   compañero(a) 동료, 짝   de ninguna manera 결코 (~아니다)   joven 젊은이   profesor(a) 선생

TIP aula는 교실을 뜻하는 가장 일반적인 단어이지만, 남미에서는 salón을 더 많이 쓴다.

🔍 핵심 표현 익히기

- **ir para + 명사** ~로 가다

  Yo *voy para* una cita médica.
  난 진찰을 받으러 병원에 간다.

  Él *va para* Londres la próxima semana.
  그는 다음 주에 런던에 간다.

  Nosotros *vamos para* una excursión.
  우리는 소풍을 간다.

- **creer que + 직설법 미래** ~할 거라고 생각하다/확신하다

  Creo que veré una película de terror.
  난 공포영화를 볼 것 같아.

  Él *cree que* comerá hamburguesa.
  그는 햄버거를 먹으리라 생각한다.

  Ellos *creen que* trabajarán hasta tarde.
  그들은 늦게까지 일할 거라고 생각한다.

- **de ninguna manera** 절대, 결코 (~이 아니다)

  De ninguna manera leeré esta historia.
  난 이 이야기를 절대 읽지 않을 거야.

  De ninguna manera tomarás esa gaseosa.
  넌 절대 그 음료수를 마시지 않을 거야.

  De ninguna manera usaremos esa ropa.
  우리는 절대 그 옷을 입지 않을 거야.

Día 005
La fiesta de disfraces
코스튬 파티

M ¿Lista **para** ir a la fiesta de disfraces? ¡Vamos!

F Por supuesto. ¿Te gusta mi disfraz?

M Está muy bonito. **Te ves** muy bien vestida de vaca.

F ¿Vaca? ¡***Pero si** estoy disfrazada de perro dálmata!

M 코스튬 파티에 갈 준비 됐어? 가자!
F 당연하지. 내 코스튬 어때?
M 되게 예쁘다. 암소 복장이 정말 잘 어울린다.
F 암소? 하지만 나는 달마시안 복장을 입은 거라고!

기본 단어 확인

listo(a) 준비된 fiesta 파티 de ~의 disfraz 변장, 코스튬 Por supuesto 물론이지 gustar 좋아하다 muy 매우 bonito(a) 예쁜 verse ~처럼 보이다 bien 좋게 vestir 옷을 입다 vaca 암소 pero si 하지만 disfrazado(a) 변장한 perro 개 dálmata 달마시안

TIP pero 자체만으로도 항변의 의미이지만, 뒤에 si를 붙이면 그 의미가 더욱 강조된다.

핵심 표현 익히기

• para + 부정사 (+명사)   ~하기 위해

Es muy tarde *para* salir.
나가기에는 너무 늦었어.

Estos son los ingredientes *para* preparar la cena.
이것들은 음식을 준비하기 위한 재료이다.

Ella vino *para* hacer las compras.
그녀는 장을 보기 위해 왔다.

• verse + 형용사   ~처럼 보이다

Mi papá *se ve* cansado.
아버지는 피곤해 보인다.

Carlos *se ve* muy feliz.
까를로스는 아주 행복해 보인다.

***Me veo* musculoso en esa foto.**
난 그 사진에서 근육이 많아 보인다.

• pero si   하지만 (강조)

¡*Pero si* esta es mi maleta!
하지만 이건 제 가방이에요!

¿Ruidoso yo? ¡*Pero si* yo no he dicho nada!
내가 시끄럽다고? 하지만 난 아무 말도 안 했다고!

¿Gordo yo? ¡*Pero si* hago mucho ejercicio!
내가 뚱뚱하다고? 하지만 난 운동을 엄청 한다고!

Día 006
Mira el lado positivo
긍정적인 면을 봐

F　Amor, no **me siento** tan bien.

M　¿Por qué, cariño? ¿**Hay algo que** te preocupa?

F　Sí, *me veo vieja, gorda y fea en este espejo.

M　Mira el lado positivo: **todavía** tienes buena vista.

F　여보, 나 기분이 좋지 않아.
M　왜 그래, 여보? 무슨 걱정 있어?
F　이 거울에 비친 내가 참 늙고 뚱뚱하고 못생겨 보이네.
M　긍정적인 면을 봐. 그래도 여전히 좋은 시력을 갖고 있잖아.

기본 단어 확인

amor 여보, 자기　sentirse ~처럼 느끼다　por qué 왜　cariño 여보, 자기　hay 있다　algo 무엇　preocupar 걱정시키다　sí 응　verse ~처럼 보이다　viejo(a) 늙은　gordo(a) 뚱뚱한　feo(a) 못생긴　este 이　espejo 거울　mirar 보다　lado 측면　positivo(a) 긍정적인　todavía 여전히　tener 갖다　bueno(a) 좋은　vista 시력

TIP ver는 '보다'이고, verse는 '~처럼 보이다'이다.

핵심 표현 익히기

• sentirse + 형용사   ~처럼 느끼다/생각하다

Me siento lleno.
나는 배가 불러.

Mi hermana se siente decepcionada.
내 여동생은 실망감을 느낀다.

Pedro y Mateo se sienten débiles.
뻬드로와 마떼오는 기운이 없다고 느낀다.

• hay algo que...   (누가) ~하는 게 있다

Hija, ¿hay algo que quieres decirme?
딸아, 내게 하고 싶은 말이 있니?

Sofía, hay algo que me tiene triste.
소피아, 나를 슬프게 하는 게 있어.

Hay algo en mi vida que me pone feliz: ¡Tú!
내 삶에 있어서 나를 행복하게 하는 게 있는데, 그건 바로 너야!

• todavía   여전히, 아직

Todavía puedo conducir.
난 아직은 운전할 수 있어.

Todavía soy un hombre joven.
난 여전히 젊어.

Todavía no se ha ido.
그(녀)는 아직 가지 않았어.

Día 007
Algo interesante
흥미로운 것

M **Estaba mirando** los planetas con mi telescopio.

F ¿Y **pudiste** ver algo interesante?

M Sí, descubrí que Saturno **es el más** elegante de todos.

F Claro, ¡*porque usa anillos!

M 망원경으로 행성들을 보고 있었어.
F 그래서 뭔가 흥미로운 걸 봤니?
M 응, 토성이 다른 행성들보다 더 멋지다는 사실을 발견했어.
F 그건 당연한 거지, 반지 꼈잖아!

기본 단어 확인

mirar 보다 planeta 행성 con ~와 함께, ~을 이용해서 telescopio 망원경 poder ~할 수 있다 ver 보다 algo 어떤 것 interesante 흥미로운 descubrir 발견하다 Saturno 토성 más 더욱 elegante 세련된 todo 모든 것 Claro 물론이지 porque 왜냐하면 usar 사용하다, (옷 등을) 입다 anillo 반지

TIP porque(왜냐하면)는 대답할 때, por qué(왜)는 질문할 때 쓰인다. porqué는 '이유', '원인'이라는 의미의 명사이다.

핵심 표현 익히기

- **estaba/estabas/estábamos/estabais/ estaban** + 현재분사 (+명사)　(누가) ~하고 있었다

  Luis *estaba* durmiendo en su cama.
  루이스는 침대에서 자고 있었다.

  El perro *estaba* comiendo su almuerzo.
  그 개는 점심을 먹고 있었다.

  Mis primos *estaban* jugando videojuegos.
  내 사촌들은 비디오게임을 하고 있었다.

- **poder** + 부정사 (+명사)　~할 수 있다

  Yo *puedo* saltar muy alto.
  나는 매우 높이 뛸 수 있다.

  Susana *pudo* salir con vida del accidente.
  수사나는 그 사고에서 목숨을 건질 수 있었다.

  Mi abuela *puede* bailar salsa.
  우리 할머니는 살사를 출 줄 아신다.

- **es el más** + 형용사　가장 ~하다

  El delfín *es el más* inteligente de los animales.
  돌고래는 동물들 중에 가장 영리하다.

  Mi reloj *es el más* costoso de todos.
  내 시계는 모든 시계들 중에 가장 비싸다.

  El auto de mi papá *es el más* viejo que he visto.
  우리 아버지 차는 내가 본 차 중에 가장 낡았다.

Día 008
Tú eres el maestro
네가 선생이잖니

M　Mamá, ¡me siento tan orgulloso de mí!

F　¿En serio hijo? ¿Y eso por qué?

M　**Es que** en las clases yo soy el más alto y el que más sabe.

F　¿**Cómo no**? ¡**Si** tú eres el *maestro!

M　엄마, 저는 제 자신이 참 자랑스러워요!
F　진짜야, 아들? 왜 스스로가 자랑스러운 거니?
M　그게 제가 반에서 키도 제일 크고 아는 것도 제일 많거든요.
F　왜 아니겠니? 네가 그 반 선생이잖니!

기본 단어 확인

mamá 엄마　sentirse ~라고 느끼다　tanto(a) 아주　orgulloso(a) 자랑스러운　en serio 진지하게　hijo 아들　eso 그것　por qué 왜　es que 사실　en ~ 안에　clase 반　más 더 많은　alto(a) 큰　saber 알다　cómo no 물론이지　si (es que) 근데, 하지만　maestro(a) 선생님

TIP maestro(a)와 profesor(a) 둘 다 '선생님'을 뜻하는 단어이다. 나라마다 쓰임에 차이가 있지만 일반적으로 maestro(a)는 초등기관 선생님을, profesor(a)는 중등기관 이상의 선생님을 지칭한다.

핵심 표현 익히기

• **es que...** 실은……

Es que las alturas me dan miedo.
사실 나는 고소 공포증이 있어.

Debo salir temprano; **es que** tengo una cita médica.
좀 더 일찍 떠나야겠어. 실은 진찰 약속이 있거든.

Voy a almorzar; **es que** tengo mucha hambre.
나 점심 먹으려고. 실은 배가 많이 고프거든.

• **cómo no** 물론이지

¡*Cómo no*! Claro que sé conducir.
물론이지! 나 운전할 줄 알아.

¡*Cómo no*, si no tienes dinero!
물론 넌 돈이 없겠지!

Cómo no, si no te gusta trabajar.
물론 넌 일하기 싫겠지.

• **¡Si (es que)...!** 근데, 하지만(정말 그렇다는 강조의 의미)

¡*Si* tú eres el que me hizo caer!
하지만 네가 나를 넘어뜨렸잖아!

¡*Si* ella es una buena cocinera!
하지만 그녀는 좋은 요리사야!

¡*Si (es que)* acabo de llamarte!
근데 난 네게 막 전화했다고!

Día 009
Un elefante en la casa
집 안에 있는 코끼리

F Oye Martín, ¿qué fue ese sonido?

M Perdón, tenía que **sonarme la nariz**.

F ¿**Al lado del** teléfono? *Pensé que tenías un elefante en tu casa.

M ¿Así de fuerte sonó? Espero no haberte **dejado** sorda.

F 이봐 마르띤, 그 소리는 뭐야?
M 미안, 코를 좀 풀어야 했어.
F 전화기 옆에서? 너희 집에 코끼리가 있는 줄 알았잖아.
M 그렇게 소리가 컸니? 네 귀가 먹지 않았길 바란다.

기본 단어 확인

oye 이봐 qué 무엇 ese 그 sonido 소리 Perdón 미안합니다 tener que... ~해야만 하다 sonarse la nariz 코를 풀다 al lado de... ~의 옆에서 teléfono 전화기 pensar 생각하다 tener 갖다 elefante 코끼리 en ~안에 casa 집 así 그렇게 fuerte 강한 sonar 소리 나다 esperar 희망하다 dejar (~의 상태로) 해 두다 sordo(a) 귀머거리

TIP 'pensar que + 주어 + 동사'는 '누가 ~했다고 생각하다'의 구조이다. 문장을 직역하면 '네가 집에 코끼리를 갖고 있는 줄 알았어'이다.

핵심 표현 익히기

• sonarse la nariz 코를 풀다

Tengo gripa, debo *sonarme la nariz*.
난 감기 걸려서 코를 풀어야 해.

Hijo, *suénate la nariz*; estás resfriado.
아들, 코 좀 풀어. 감기 걸렸잖아.

Mi hermano debe *sonarse la nariz* con un pañuelo.
내 동생은 손수건으로 코를 풀어야 해.

• al lado de + 명사 ~의 옆에

Siempre tengo un vaso de agua *al lado de* mi cama.
난 항상 물 한 병을 침대 옆에 놓는다.

Mi celular está *al lado del* periódico.
내 핸드폰은 신문 옆에 있어.

El hospital queda *al lado del* parque.
그 병원은 공원 옆에 있어.

• dejar + 형용사 (~의 상태로 계속) 있게 만들다

El accidente *dejó* al conductor gravemente herido.
그 사고는 운전자를 크게 다치게 만들었다.

La visita de mis padres me *dejó* muy feliz.
우리 부모님의 방문은 나를 아주 기쁘게 했다.

He *dejado* a mi gato sólo en la casa.
우리 고양이를 집에 혼자 두었다.

□MP3 듣기 ▶ □저자 강의 듣기 ▶ □복습하기

Día 010

¿A qué se dedica tu papá?

너희 아버지는 뭐 하시니?

M **¿A qué se dedica** tu *papá**?**

F Una pista: cuando trabaja la gente **queda** con la boca abierta.

M **Ya** sé: es bailarín o cantante.

F No, él es dentista.

M 너희 아버지는 뭐 하시니?
F 힌트 하나 줄게. 아버지가 일하실 때 사람들은 입을 다물지 못해.
M 아, 알겠다. 무용수 아니면 가수시구나.
F 아니, 그는 치과 의사야.

기본 단어 확인

¿A qué se dedica...? ~의 직업이 뭐니? tu 너의   papá 아빠   pista 단서   cuando ~할 때   trabajar 일하다   gente 사람들   quedar 남다, 머무르다   con 함께   boca 입   abierto(a) 열린   ya 이제, 이미   saber 알다   bailarín 무용수   cantante 가수   dentista 치과 의사

TIP papá는 '아빠'를 의미하지만 papa는 '감자'를 의미한다. mamá는 '엄마'이고 mama는 '젖꼭지'를 말한다. 때문에 이 단어들을 말할 때는 강세에 유의해야 한다.

핵심 표현 익히기

- **¿A qué se dedica...?** ~의 직업은 뭐니?

  ¿A qué se dedica tu hermano? – Él es taxista.
  네 동생은 뭐 하니? - 그는 택시 운전사야.

  ¿A qué se dedica tu mamá? – Ella es ama de casa.
  너희 어머니는 뭐 하시니? - 그녀는 가정주부야.

  ¿A qué te dedicas? – Soy mecánico.
  네 직업은 뭐니? - 난 자동차 정비공이야.

- **quedar** ~한 상태로 남다, ~한 상태가 되다

  Cuando mi hermano come pizza *queda* con dolor de estómago.
  내 동생은 피자를 먹으면 배가 아프다.

  Sofía *quedó* preocupada con la noticia.
  소피아는 그 소식을 듣고 걱정이 되었다.

  Mi primo *quedó* cansado después de correr.
  내 사촌은 뛰고 나서 피곤해졌다.

- **ya** 이미, 벌써, 이제

  Ya me cansé de esperar.
  이제 기다리는 것도 지친다.

  Ya estás bastante grande.
  이제 너도 많이 컸구나.

  Ya estamos contentos con el premio.
  우리는 그 상을 받고 이제 만족한다.

Día 011~020

Día 011 — Oración por los alimentos
식사 기도

Día 012 — Quiero extraer una muela
어금니를 뽑고 싶어요

Día 013 — Tú me mentiste
당신은 내게 거짓말했어요

Día 014 — Se ven tan enamorados
그들은 사랑에 깊이 빠진 것 같아

Día 015 — Perdí mi lapicero
내 샤프를 잃어버렸어

Día 016 — Bájale un poco el volumen
볼륨 좀 줄여 줘

Día 017 — He inventado algo
내가 뭔가를 발명했어

Día 018 — Vamos a la playa
우리 해변에 가자

Día 019 — Pastillas para los nervios
긴장될 때 먹는 알약

Día 020 — ¿Están contratando empleados?
일할 사람 찾고 있나요?

Día 011 — Oración por los alimentos
식사 기도

F **Hora de** almorzar. Hijo, ¿*te gustaría orar por los alimentos?

M Pero es que la verdad no sabría qué decir.

F Simplemente di lo que **escuchas a** tu mamá decir.

M OK. Oh Dios, ¿por qué *carajos invité a toda esta gente a almorzar?

F 점심시간이야. 아들, 음식을 위해 기도해 줄래?
M 하지만 사실 어떻게 기도해야 할지 잘 모르겠어요.
F 그냥 엄마가 하던 대로 기도하면 돼.
M 알겠어요. 오 하나님, 왜 제가 이 많은 사람들을 점심 식사에 초대했을까요?

기본 단어 확인

hora 시간 almorzar 점심 hijo 아들 orar por... ~을 위해 기도하다 alimento 음식 pero 하지만 es que 실은 verdad 사실 saber 알다 qué 무엇 decir 말하다 simplemente 단순히 lo que... (~가) ~하는 것 escuchar 듣다 mamá 엄마 Dios 신, 하나님 invitar 초대하다 todo(a) 모든 gente 사람들

TIP 1 te gustaría 뒤에 부정법이 오면 정중하게 상대방의 의사를 묻는 표현이 된다.

TIP 2 carajos는 감탄, 당혹, 짜증 등 다양한 감정을 표현하는 속어적인 감탄사이다.

🔍 핵심 표현 익히기

• hora de + 동사 (+명사) ~해야 할 시간

Hijos, *es hora de* empacar las maletas.
애들아, 짐 쌀 시간이야.

Creo que *es hora de* buscar trabajo.
구직해야 할 때가 된 것 같아.

Papá, *es hora de* que laves tu carro.
아빠, 세차해야 할 때가 된 것 같아요.

• ¿Te gustaría + 동사 (+명사)? ~할래?

Hija, ¿*te gustaría* ir al zoológico?
우리 딸, 동물원에 갈까?

Mami, ¿*te gustaría* que te ayude?
엄마, 제가 도와드릴까요?

Carlos, ¿*te gustaría* ir a cenar a mi casa?
까를로스, 우리 집에 저녁 먹으러 올래?

• escuchar a + 명사 ~의 말을 듣다

Debes *escuchar a* tu abuelo, él es muy sabio.
네 할아버지 말씀 잘 들어. 할아버지는 매우 현명하셔.

***Escucharé a* mi profesor; él sabe bastante.**
난 선생님 말씀 잘 들을 거야. 선생님은 아는 게 많으셔.

Siempre *escucho a* mi esposo quejarse de dolor de cabeza.
나는 항상 남편이 두통 때문에 괴로워하는 소리를 듣는다.

Día 012
Quiero extraer una muela
어금니를 뽑고 싶어요

M Buenas tardes señora, ¿tiene algún problema dental?

F Doctor, quiero **extraer** una muela pero **tengo prisa**. No use anestesia.

M ¡Usted es una mujer muy valiente! ¿Cuál es la muela?

F ¡Cariño, *ven! **Muéstrale** la muela al doctor.

M 좋은 저녁이에요, 아주머니. 이에 어떤 문제가 있으신가요?
F 선생님, 어금니를 뽑고 싶은데 시간이 별로 없어요. 마취는 생략해 주세요.
M 당신은 매우 용감한 여성분이시군요. 어떤 어금니죠?
F 여보, 이리와 봐요! 어서 선생님께 어금니를 보여 드려요.

기본 단어 확인

Buenas tardes 안녕하세요(오후 인사) señora 아주머니 tener 갖다 algún 어떤 problema 문제 dental 이의 doctor 의사 선생님 querer 원하다 extraer 뽑다 muela 어금니 tener prisa 급하다 usar 사용하다 anestesia 마취제 mujer 여성 valiente 용감한 cuál 어떤 cariño 여보 venir 오다 mostrar 보여 주다

TIP venir의 2인칭 단수 명령형이다.

🔍 핵심 표현 익히기

• extraer + 명사　~을 뽑다

Debo *extraer* las semillas de esta naranja.
이 오렌지에서 씨를 빼내야겠어.

Mi hermana quiere *extraer* una espina de su dedo.
내 동생은 손가락에 박힌 가시를 뽑고 싶어 한다.

¿Cuánto cuesta *extraer* una muela?
이 하나 뽑는 데 얼마예요?

• tener prisa　급하다

La gente en las ciudades siempre *tiene prisa*.
도시에 사는 사람들은 항상 바쁘다.

No puedo detenerme a hablar contigo, *tengo prisa*.
내가 지금 멈춰서 너랑 얘기할 시간이 없어. 엄청 바쁘거든.

Mi mejor amigo no pudo jugar conmigo porque *tenía prisa*.
내 친한 친구는 바빴기 때문에 나랑 놀 시간이 없었다.

• mostrar + 명사　~을 보여 주다

Voy a *mostrarle* mi moto nueva a mi novia.
내 여자친구에게 내 새 오토바이를 보여 줄 거야.

El vendedor me *mostró* unos relojes bonitos de oro.
그 점원은 내게 금으로 된 예쁜 시계를 보여 주었다.

Amiga, *muéstrale* a la profesora la tarea que hicimos.
친구야, 우리가 한 숙제를 선생님께 보여 드려.

Día 013
Tú me mentiste
당신은 내게 거짓말했어요

F　Hijo, ¿por qué estás triste?

M　Porque tú me mentiste; **dijiste que** mi hermano era un ángel.

F　**¿A qué te refieres**, hijo**?**

M　¡Es que yo lo lancé **hacia** arriba y *no voló!

F　아들, 왜 이렇게 슬퍼하니?
M　왜냐하면 엄마가 나한테 거짓말해서 그래요. 내 동생은 천사라고 그랬잖아요.
F　무슨 말을 하는 거니, 아들아?
M　그게 동생을 위로 던졌는데 날지를 못하잖아요!

기본 단어 확인

hijo 아들　por qué 왜　triste 슬픈　porque 왜냐하면　tú 너　me 나에게　mentir 거짓말하다　decir 말하다　mi 나의　hermano 형,동생　ángel 천사　referirse a... ~을 언급하다, ~을 의미하다　es que 실은　lo 그(녀)를　lanzar 던지다　hacia ~쪽으로　arriba 위로　volar 날다

TIP 스페인어에서는 주어를 생략해도 무방하다. 여기서는 él no voló에서 주어인 él을 생략하고 no voló 만 썼다. 주어가 생략된 경우에는 동사를 보고 주어를 추측할 수 있다.

핵심 표현 익히기

- **decir que...**　~라고 말하다

Yo le *dije que* viniera a mi casa.
나는 그(녀)에게 우리 집으로 오라고 말했다.

Él me *dijo que* estaba feliz.
그는 내게 그가 행복했었다고 말했다.

Ellos *dijeron que* tenían sed.
그들은 그들이 목마르다고 말했다.

- **¿A qué te refieres?**　무슨 말을 하는 거니?

¿*A qué te refieres* cuando dices que el sol no brilla?
네가 태양이 빛나지 않는다고 했는데 그게 무슨 말이니?

¿*A qué* cuidad *se refiere* él en su libro?
그는 그의 책에서 무슨 도시를 말한 거니?

¿*A qué se refieren* ellos con ese gesto?
그들은 그 손짓으로 무슨 말을 한 거지?

- **hacia**　~쪽으로

Toma la ruta *hacia* la derecha.
오른쪽 방향의 길로 가세요.

El camino al parque es *hacia* la izquierda.
공원으로 가는 그 길은 왼쪽 방향이다.

La piedra rodó *hacia* abajo.
그 돌은 아래로 굴러갔다.

Día 014
Se ven tan enamorados
그들은 사랑에 깊이 빠진 것 같아

F   Mira a esa pareja, ¡se ven tan enamorados!

M   **¿Qué tienen de especial?** Yo no veo nada ***fuera de lo normal**.

F   Él la toma de la mano y la besa apasionadamente ¿Por qué tú no haces lo mismo?

M   Porque la verdad, yo **a** esa mujer no la **conozco**.

F   저 커플을 봐 봐. 그들은 사랑에 깊이 빠진 것 같아.
M   저 커플이 뭐가 그리 특별한데? 난 별로 다른 걸 모르겠어.
F   저 남자가 여자 손을 잡고 열정적으로 키스하잖아. 너는 왜 저렇게 안 해?
M   왜냐하면 난 저 여자를 모르거든.

기본 단어 확인

mirar 보다 pareja 커플 verse 보이다 enamorado(a) 사랑에 빠진 ver 보다 nada 아무것도 fuera de lo normal 평범하지 않은 것 tomar 잡다 mano 손 besar 키스하다 apasionadamente 정열적으로 lo mismo 같은 것 verdad 사실 mujer 여자 conocer a... ~을 알다

TIP '평범한 것 밖에 있는 것'은 결국 '평범하지 않은 것' 또는 '특별한 것'을 말한다.

핵심 표현 익히기

- **¿Qué tienen de especial?**   뭐가 그리 특별한데?

¿Qué tiene de especial este país?
이 나라는 무엇이 그리 특별하지?

¿Qué tienen de especial las playas de Brasil?
브라질의 해변가는 뭐가 그리 특별하지?

¿Qué tiene de especial el arroz integral?
현미밥은 뭐가 그리 특별하지?

- **fuera de lo normal**   평범하지 않은 것

Mi perro es una mascota *fuera de lo normal*.
우리 개는 평범하지 않은 애완동물이다.

No veo en ese actor algo *fuera de lo normal*.
그 배우에게는 비범함이 보이지 않는다.

Ese hombre conduce un auto *fuera de lo normal*.
그 남자는 평범하지 않은 차를 몬다.

- **conocer a...**   ~을 알다

Yo *conozco* muy bien *a* mi novia.
난 내 여자친구를 잘 알아.

Conozco a tu amigo del colegio.
나는 너 학교 다닐 때 친구를 알아.

¿Conoces a mi hermano?
너 내 동생 알아?

Día 015
Perdí mi lapicero
내 샤프를 잃어버렸어

M **Perdí** mi lapicero nuevo, lo compré ayer.

F ¿Ya buscaste en tus bolsillos y en tu escritorio?

M Sí, ya lo hice. ***De todas formas** sólo me costó un dólar.

F ¿Un dólar? Si no lo **encuentras**, yo te compraré uno.

M 새로 산 샤프를 잃어버렸어. 어제 막 산 건데.
F 호주머니랑 책상은 찾아봤니?
M 어, 이미 찾아봤어. 근데 1달러 주고 산 거긴 해.
F 1달러? 만약 네가 못 찾으면 내가 하나 사 줄게.

기본 단어 확인

perder 잃다 lapicero 샤프 nuevo(a) 새로운 lo 그것 comprar 사다 ayer 어제 ya 이미 buscar 찾다 bolsillo 호주머니 escritorio 책상 hacer 하다 de todas formas 어쨌든, 그건 그렇고 costar 비용이 들다 encontrar 찾다

TIP de todas formas는 de todos modos나 de todas maneras로 바꿔 쓸 수도 있다.

🔍 핵심 표현 익히기

• perder + 명사   ~을 잃어버리다

Alfonso *perdió* su teléfono celular.
알폰소는 핸드폰을 잃어버렸다.

Ayer *perdí* mis gafas, no puedo encontrarlas.
어제 안경을 잃어버렸는데 찾을 수가 없네.

Mis hijos *perdieron* el balón de futbol que les regalé.
내 아이들은 내가 선물해 준 축구공을 잃어버렸다.

• de todas formas   어쨌든, 그건 그렇고

No es sencillo, *de todas formas* lo voy a intentar.
그렇게 간단한 일은 아니지만, 한번 시도는 해 볼게.

Él no tiene experiencia, *de todas formas* para ese trabajo no la necesita.
그는 일 경험이 없지만, 그 일을 하기 위해 경험이 필요치 않다.

De todas formas ya debemos ir a descansar.
그건 그렇고 이제 우리 쉬러 가야 해.

• encontrar + 명사   ~을 찾다

Me *encontré* 100 dólares.
난 100달러를 찾았다.

Diana *encontró* la falda que había perdido.
디아나는 잃어버렸던 치마를 찾았다.

Anteayer *encontramos* un ratón en la cocina.
우리는 그저께 주방에서 쥐를 발견했다.

Día 016

Bájale un poco el volumen
볼륨 좀 줄여 줘

F　Bájale **un poco** el volumen a la música.

M　¿Está demasiado alto? No **me** había **dado cuenta**.

F　Sí, *debo estudiar para una conferencia y no puedo concentrarme.

M　Perdón, **la próxima vez** utilizaré audífonos para no interrumpir.

F　음악 소리 좀 줄여 줘.
M　소리가 너무 컸니? 난 전혀 몰랐어.
F　응, 나 강연 준비해야 하는데 집중이 되질 않아.
M　미안해. 다음번에는 방해되지 않게 헤드폰을 쓸게.

기본 단어 확인

bajar 낮추다　un poco 조금　volumen 볼륨　música 음악　demasiado(a) 지나친　alto(a) 높은　darse cuenta 깨닫다, 알아차리다　deber ~해야 한다　estudiar 공부하다　para ~을 위해　conferencia 강연　poder ~할 수 있다　concentrarse 집중하다　Perdón 실례합니다　la próxima vez 다음번　utilizar 사용하다　audífonos 이어폰　interrumpir 방해하다

TIP deber 뒤에 부정법이 와서 '~을 해야만 하다'의 구조가 되었다.

핵심 표현 익히기

- **un poco** 조금

¿Quieres tomar *un poco* más de agua?
물 좀 더 마실래?

Dame *un poco* de ensalada, por favor.
샐러드 좀 더 주세요.

Voy a la playa a broncearme *un poco*.
나는 선탠을 하러 바닷가에 간다.

- **darse cuenta** 깨닫다, 알아차리다

¿Te diste cuenta que perdí las llaves del carro?
내가 차 키 잃어버린 거 알아챘니?

Nos dimos cuenta de que mi perro estaba en el sótano.
우리는 개가 지하실에 있었다는 사실을 깨달았다.

Mi hermana *se dio cuenta* de su error.
우리 누나는 자기 실수를 깨달았다.

- **la próxima vez** 다음번

¡Perdiste el quiz!, *la próxima vez* esfuérzate más.
너 퀴즈 망쳤더라. 다음번에는 좀 더 노력해 봐.

¿No almorzaste? *La próxima vez* yo te invito a mi casa a comer algo.
점심 안 먹었어? 다음번엔 우리 집으로 식사 초대할게.

No escuché lo que dijiste. *La próxima vez* pondré más cuidado.
네가 무슨 말 했는지 못 들었어. 다음에는 좀 더 신경 써서 들을게.

Día 017
He inventado algo
내가 뭔가를 발명했어

F   Te ves muy contento. ¿Qué pasó?

M   He inventado algo **que** sirve para atravesar paredes.

F   ¿En serio? te vas a ***volver** millonario. ¿Cómo lo llamarás?

M   Pues no estoy seguro, **¿te parece** si lo llamo 'puerta'**?**

F   매우 행복해 보이네. 무슨 일이야?
M   내가 벽을 관통하는 데 도움이 되는 물건을 발명했거든.
F   진짜? 너 이제 부자 되겠다. 이름은 뭐로 할 거야?
M   글쎄 모르겠어. '문'이라고 하면 어떨까?

🖍 기본 단어 확인

verse ~해 보이다 muy 매우 contento(a) 만족한, 기쁜 qué 무엇 pasar 일어나다 inventar 발명하다 algo 어떤 것 servir 봉사하다, 도움이 되다 para ~을 하기 위한 atravesar 관통하다 pared 벽 ir a hacer algo ~할 것이다 volver 뒤집다, 바꾸다 millonario 백만장자의 llamar 이름 붙이다, 부르다 pues 글쎄 seguro(a) 확실한 parecer 생각하다 si 만일 lo 그것 puerta 문

TIP volver의 원래 의미는 '뒤집다'이지만, 뒤에 형용사가 오면 '(누구/무엇의 상태가) ~으로 바뀌다'의 의미가 된다.

핵심 표현 익히기

- **que** ~하는, ~되는

Tengo un loro *que* habla dos idiomas.
나에게는 두 개의 언어를 구사하는 앵무새가 있다.

Este es el auto *que* alcanza 300 kilómetros por hora.
이것은 시속 300킬로를 달릴 수 있는 차다.

Mi papá es el *que* hace las compras.
장을 보는 사람은 바로 우리 아빠야.

- **volver + 형용사** (누구/무엇의 상태가) ~으로 바뀌다

Mi perro se está *volviendo* viejo.
우리 개는 늙어 간다.

Mis peces se *volvieron* cobardes en esa pecera.
물고기들이 어항 속에 들어가 겁쟁이가 되었다.

Ella se va a *volver* loca con esos hijos.
그녀는 그 아들들 때문에 돌아 버릴 것이다.

- **¿Te parece...?** ~은 어떤 것 같아?

Señores, ¿*les parece* si hablamos del negocio?
여러분, 그 거래에 대해 얘기를 해 보면 어떨까요?

Hijo, ¿*te parece* si preparamos pasta?
아들, 우리 파스타 해 먹으면 어떨까?

Profesor, ¿*le parece* si vemos un video sobre el tema?
선생님, 그 주제에 관해서 영상을 보는 건 어떨까요?

Vamos a la playa
우리 해변에 가자

F ¡**Vamos a** la playa! Aunque la última vez que fuimos *casi te ahogas.

M Eso no es cierto, estás exagerando.

F ¿Entonces por qué el salvavidas **se lanzó al agua**?

M **Tal vez** él sólo quería refrescarse un poco.

F 우리 해변에 가자! 비록 저번에 갔을 때 네가 익사할 뻔했지만…….
M 그건 사실이 아냐. 네가 과장되게 말하고 있는 거라고.
F 그렇다면 왜 구조대원이 물에 뛰어들었을까?
M 그건 그냥 기분 전환을 하고 싶었나 보지.

기본 단어 확인

playa 해변   aunque 비록 ~일지라도   la última vez 지난번에   casi 거의   ahogarse 익사하다   eso 그것   cierto(a) 확실한   exagerar 과장하다   entonces 그렇다면   salvavida 구조대원   lanzarse 뛰어들다   agua 물   tal vez 어쩌면   refrescarse 기분을 상쾌하게 하다   un poco 조금

TIP casi te ahogaste로 동사 시제를 일치시켜 주는 게 문법적으로는 더 적절하다. 하지만 화자가 과거의 사건을 마치 지금 눈앞에서 일어난 것처럼 생생하게 재현하고 싶을 때 본문과 같이 현재형을 쓴다.

핵심 표현 익히기

- **ir a + 명사** ~에 가다

    Mañana *iremos a* la cima de la montaña.
    내일 우리는 산 정상까지 갈 거야.

    Mis amigos *fueron a* la selva amazónica.
    내 친구들은 아마존 숲으로 갔다.

    Quiero que *vayamos al* río a nadar.
    우리 강에 가서 수영하면 좋겠다.

- **lanzarse (al agua)** (물에) 뛰어들다

    Mi perro *se lanzó al lago* a cazar un pez.
    우리 개는 물고기를 잡으러 호수로 뛰어들었다.

    Voy a *lanzarme* desde el trampolín.
    나는 다이빙 보드에서 뛰어내릴 것이다.

    Mi hermana quiere *lanzarse* a la piscina.
    내 동생은 수영장으로 뛰어 들어가고 싶어 한다.

- **tal vez** 어쩌면

    Tal vez mañana pueda asistir al baile de graduación.
    내일 어쩌면 졸업 댄스 파티에 갈 수 있을지도 몰라.

    Esa niña está llorando; *tal vez* sus padres la castigaron.
    저 여자애는 울고 있어. 어쩌면 부모님한테 벌 받았는지도 몰라.

    Tal vez en diciembre me sentiré mejor al ver a mi familia.
    12월에 우리 가족을 만나면 내 기분이 좋아질지도 몰라.

Día 019
Pastillas para los nervios
긴장될 때 먹는 알약

F   Buenos días. ¿Qué desea?

M   ¿Tiene **pastillas para** los *nervios?

F   Claro que sí, **aquí tiene**.

M   **Es usted muy** amable. Es que muy pronto voy a ser padre.

F   안녕하세요. 무엇을 드릴까요?
M   긴장될 때 먹는 알약 있어요?
F   물론이죠, 여기 있어요.
M   참 친절하시네요. 이제 곧 제가 아빠가 되거든요.

기본 단어 확인

bueno(a) 좋은   Buenos días 좋은 아침입니다   qué 무엇   desear 원하다   tener 갖다   pastilla 알약   para ~을 위한   nervios 신경과민   Claro que sí 물론이죠   aquí 여기   Aquí tiene 여기 있습니다   amable 친절한   es que 실은   pronto 곧   ser 되다   padre 아버지

TIP '신경'을 뜻하는 nervio가 nervios와 같이 복수형으로 쓰이면 '신경과민'의 의미가 된다.

핵심 표현 익히기

• pastillas para + 명사   ~을 치료하는 알약

Necesito *pastillas para* el dolor de cabeza.
나 두통 치료약이 필요해.

Estas *pastillas* sirven *para* el mareo.
이 약은 현기증에 좋아.

Mi prima usa *pastillas para* el insomnio.
내 사촌은 불면증 약을 먹는다.

• aquí tiene   여기 있습니다

***Aquí tiene* los resultados del examen.**
여기 시험 결과가 있습니다.

***Aquí tiene* el informe de gastos.**
여기 지출에 관한 보고서가 있습니다.

***Aquí tienen*: son sus libros de inglés.**
자 여기, 너희들 영어책이야.

• Es usted muy + 형용사   당신은 참 ~하시군요

Gracias maestro, *es usted muy* sabio.
선생님, 감사해요. 선생님은 매우 현명하세요.

Qué buen chiste, *es usted muy* gracioso.
그 농담 재밌네요. 당신은 정말 재미있어요.

Mucho gusto, *es usted muy* bonita.
처음 뵙겠습니다. 당신은 참 아름다우시네요.

□MP3 듣기 ▶□저자 강의 듣기 ▶□복습하기

Día 020

¿Están contratando empleados?

일할 사람 찾고 있나요?

F   Buenos días señor, ¿le puedo **ayudar en algo**?

M   Sí señora, ¿están contratando empleados?

F   **Lo que ocurre es que** *aquí tenemos poco trabajo.

M   **¡Es justo lo que** estoy buscando!

F   좋은 아침입니다. 선생님. 무엇을 좀 도와드릴까요?
M   네, 혹시 일할 사람 구하고 있나요?
F   사실 여기에는 일할 거리가 많이 없어서요.
M   그런 게 바로 제가 찾는 일이에요.

기본 단어 확인

le 그(녀)에게, 당신에게 poder ~할수 있다 ayudar 돕다 algo 어떤 것 contratar 계약하다 empleado 종업원, 직원 Lo que ocurre es que... 사실은 ~, 이건 무슨 일이냐면 ~ ocurrir 발생하다 aquí 여기 poco(a) 적은, 조금 trabajo 일 justo 정확한, 꼭 맞는 lo que... ~하는 그것 buscar 찾다

TIP 여자는 '우리는 사람을 구하고 있지 않다'의 의미로 '여기엔 일할 거리가 적다'라고 했지만, 남자는 그것을 단순히 일의 양을 묘사한 것으로 받아들였다.

- **ayudar en + 명사** (무엇을) 도와주다

¿Me puedes *ayudar en* mi búsqueda?
제 수색을 도와주실래요?

Juan te puede *ayudar en* tu entrenamiento.
후안이 네 훈련을 도울 수 있어.

Mi perro me *ayuda en* todo.
우리 개는 뭐든지 나를 돕는다.

- **lo que ocurre/pasa es (que)...**
  사실은 ~, 이건 무슨 일이냐면 ~

Lo que ocurre aquí es muy serio.
사실 여기서 일어난 일은 매우 심각해.

Lo que ocurre es que no tengo dinero.
사실 나는 돈이 없어.

Lo que pasa es que estoy muy cansado.
사실은 내가 매우 피곤해.

- **es justo lo que...** 이게 딱 ~야

Una bicicleta *es justo lo que* necesito.
내가 필요한 건 자전거 딱 한 대야.

Un aumento *es justo lo que* yo merezco.
내가 받아 마땅한 건 바로 월급 인상이야.

Una hamburguesa *es justo lo que* quiero ahora.
내가 지금 딱 원하는 건 햄버거 하나야.

Día 021~030

Día 021 — ¿Me compraste un Ferrari?
나 페라리 사 준 거야?

Día 022 — ¿Usted cómo lo sabe?
그걸 어떻게 알죠?

Día 023 — Se le cayó un botón a mi camisa
내 셔츠에서 단추 하나가 떨어졌어

Día 024 — ¿Qué crees que está más lejos?
뭐가 더 멀리 있을까?

Día 025 — ¿Entrenas algún deporte?
너 운동하는 거 있어?

Día 026 — Yo le gano en natación
내가 수영은 더 잘해

Día 027 — Ataque cardíaco
심장 발작

Día 028 — Fotos sin photoshop
보정 안 된 사진들

Día 029 — ¿Por qué está gritando?
왜 이렇게 소리를 질러요?

Día 030 — Yo tampoco lo creo
저도 그렇게 생각하지 않아요

Día 021 ¿Me compraste un Ferrari?

나 페라리 사 준 거야?

F **Tan** lindo, ¿me trajiste un regalo?

M Sí amor, **es algo que** va **de 0 a 100** en 2 segundos.

F ¿Me compraste un Ferrari?

M *No exactamente, ¡es una báscula!

F 진짜 예쁘다. 나한테 선물 가져온 거야?
M 그럼 자기야, 이건 0에서 100까지 2초 만에 가는 물건이야.
F 나한테 페라리 사 준 거야?
M 아니, 이건 체중계야!

기본 단어 확인

tanto(a) 아주 lindo(a) 예쁘다 traer 가져오다 regalo 선물 amor 자기 algo 어떤 것 de... a... ~부터 ~까지 segundo 초 comprar 사다 exactamente 정확히 báscula 체중계

TIP 뭔가에 대해 동의할 때 sí(그래) 대신 exactamente(정확해)를 쓰기도 한다. 동의하지 않을 때는 no(아니) 대신 no exactamente(꼭 그렇진 않아)로 쓸 수 있다.

핵심 표현 익히기

• tan + 형용사   진짜 ~하다

Eres *tan* inteligente, te admiro mucho.
넌 진짜 똑똑해. 넌 정말 대단해.

Tu papá es *tan* alto, mide más de 2 metros.
너희 아빠는 진짜 크다. 2미터가 넘어.

Mi perro es *tan* veloz, corre como el viento.
우리 개는 매우 빨라서 바람처럼 달려.

• es algo (que)...   이건 ~한 거야

Mi amor, por ti *es algo que* no puedo ocultar.
자기야, 이건 자기한테 숨길 수 없는 거야.

El odio *es algo que* destruye a las personas.
미움은 사람을 해치는 거야.

La puntualidad *es algo* muy importante en una empresa.
시간 엄수는 회사에서 중요하게 생각하는 거야.

• de A a B   A부터 B까지

El autobús va *de* Ottawa *a* Montreal.
그 버스는 오타와부터 몬트리올까지 운행한다.

Los niños pueden pasar *de* tristes *a* felices fácilmente.
아이들은 슬픔에서 기쁨으로 기분을 빠르게 전환할 수 있다.

Mi jornada laboral es muy larga; va *de* 7 a.m. *a* 6 p.m.
내 근무 시간은 아침 7시부터 저녁 6시까지로 매우 길다.

Día 022

¿Usted cómo lo sabe?

그걸 어떻게 알죠?

F Buenas tardes, vecino. *Usted se ve preocupado.

M Sí, es una lástima que la gente **cada vez** lee menos.

F ¿Usted **cómo** lo sabe?

M Lo **acabo de** ver en TV.

F 좋은 오후입니다, 이웃. 뭔가 걱정이 있어 보이네요.
M 네, 사람들이 점점 책을 안 읽는 것 같아서 슬퍼요.
F 그 사실을 어떻게 알게 되셨나요?
M TV에서 막 그 소식을 들었어요.

기본 단어 확인

tarde 오후 Buenas tardes 좋은 오후입니다 vecino 이웃 usted 당신 verse ~처럼 보이다 preocupado(a) 걱정하는 lástima 슬픔 gente 사람들 cada vez 매번, 점점 leer 읽다 menos 덜 cómo 어떻게 lo 그것을 saber 알다 acabar de... 막 ~하다 ver 보다

TIP usted(당신)은 tú(너)보다 더 격식적인 표현이다.

핵심 표현 익히기

- **cada vez** 매번, 점점

Cada vez que estoy triste escucho música.
나는 슬플 때마다 음악을 듣는다.

Cada vez que te llamo estás ocupada.
내가 너한테 전화할 때마다 너는 바쁘네.

Cada vez que enciendo la TV, están hablando de violencia.
매번 TV를 켤 때마다 그들은 폭력에 대해 말한다.

- **cómo** 어떻게

¿*Cómo* te fue en la competencia?
시합은 어떻게 됐어?

¿*Cómo* sabes que fui yo?
그게 나라는 걸 어떻게 알지?

¿*Cómo* te pareció el partido de futbol?
그 축구 경기에 대해 어떻게 생각해?

- **acabar de + 부정사** 막 ~하다

Acabo de perder mi billetera.
지갑을 막 잃어버렸다.

Mi esposo *acaba de* ganar un ascenso.
내 남편은 막 승진을 했다.

Cuando *acabes de* comer, lava los platos.
다 먹으면 접시를 닦아 줘.

Día 023

Se le cayó un botón a mi camisa
내 셔츠에서 단추 하나가 떨어졌어

- M **Se** le **cayó** un botón a mi camisa.
- F Muchas camisas vienen con un botón extra.
- M Voy a mirar. Es cierto, ¡esta camisa tiene un botón extra!
- F Ahora **lo único** que *tienes que hacer es **coser** el botón en el lugar correcto.

- M 내 셔츠에서 단추 하나가 떨어졌어.
- F 대부분의 셔츠에는 단추가 추가로 따라오는데…….
- M 확인해 볼게. 정말 그러네. 이 셔츠에도 단추가 하나 더 있어!
- F 이제 네가 해야 할 일은 제자리에 단추를 바느질해 놓는 거야.

기본 단어 확인

caerse (무엇이) 떨어지다 boton 단추 mucho(a) 많은 camisa 셔츠 venir 오다 extra 추가의 ir a... ~할것이다 mirar 보다 cierto(a) 확실한 ahora 지금 único 유일한 hacer 하다 coser 바느질하다 lugar 장소 correcto(a) 정확한

TIP tener que와 부정법이 만나면 '~을 해야만 한다'의 의미가 된다.

• caerse (무엇이) 떨어지다

Se me cayó el libro.
책이 떨어졌어.

No voy a escalar ese árbol pues podría caerme.
난 저 나무를 오르지 않을 거야. 떨어질 수 있거든.

Las personas suelen caerse al subir o bajar escaleras.
사람들은 계단을 오르내리다가 넘어지기도 한다.

• lo único 단 하나의 것

Hoy lo único que tengo que hacer es tender mi cama.
오늘 침대를 정리하는 것 말고는 할 일이 없어.

Hoy lo único que voy a hacer es ver televisión.
오늘은 집에서 TV만 볼 거야.

Lo único que yo hago en mi casa es lavar los platos.
내가 집에서 하는 일이라곤 그릇 닦는 것밖에 없어.

• coser + 명사 바느질하다

Voy a coser mis medias porque están rotas.
양말에 구멍이 났기 때문에 난 그것들을 바느질할 거야.

Mi mamá va a coser el vestido de mi hermana.
엄마는 동생 드레스를 꿰매실 거야.

El sastre me va a coser el traje que voy a usar el viernes.
그 재봉사는 내가 금요일 날 입을 양복을 바느질할 거야.

Día 024
¿Qué crees que está más lejos?
뭐가 더 멀리 있을까?

M Hija, **¿qué crees que** está más lejos, Francia o la luna**?**

F Yo creo que Francia.

M ¿Cómo *llegas a esta conclusión?

F Porque a Francia no lo veo, **en cambio** a la luna sí.

M 딸아, 뭐가 더 멀리 있을까? 프랑스, 아니면 달?
F 제 생각엔 프랑스요.
M 어떻게 그 결론에 도달하게 됐지?
F 프랑스는 안 보이는데 달은 보이니까요.

기본 단어 확인

hija 딸 qué 무엇 creer 믿다, 생각하다 creer que... ~이라고 생각하다 más 더 lejos 멀리 Francia 프랑스 luna 달 cómo 어떻게 llegar 도착하다, 도달하다 conclusión 결론 porque 왜냐하면 lo 그것을 ver 보다 en cambio 반면에

TIP Los Ángeles나 El Salvador와 같이 예외적인 경우를 제외하고, 스페인어에서는 일반적으로 도시나 국가명에 관사를 붙이지 않는다.

핵심 표현 익히기

- **¿Qué crees que...?** ~에 대해 어떻게 생각해?

¿Qué crees que le pasó al tío José?
호세 삼촌한테 무슨 일이 일어난 것 같아?

¿Qué crees que vale más, el dolar o el euro?
달러랑 유로 중 어떤 게 더 가치 있는 것 같아?

¿Qué crees que piensa tu mamá de tener una mascota?   애완동물을 갖는 것에 대해 너희 엄마가 어떻게 생각하시는 것 같아?

- **llegar a la conclusión** 결론에 도달하다

Llegué a la conclusión de que quiero ser bombero.
나는 소방관이 되고 싶다는 결론에 도달했다.

Él *llegó a la conclusión* de que el ejercicio era muy difícil.   그는 그 운동이 매우 어렵다는 결론에 도달했다.

¿Cómo *llegas a la conclusión* de que no te gusta la ciudad?   그 도시가 싫다는 결론에는 어떻게 도달하게 됐니?

- **en cambio** 반면에

Mi gato es negro, *en cambio* mi perro es blanco.
내 고양이는 검은 반면 내 개는 하얗다.

Yo amo la natación, *en cambio* a mi novia le encanta el tenis.   난 수영을 좋아하는 반면 내 여자친구는 테니스를 좋아한다.

Diana es vegetariana, *en cambio* a su hermana le encanta la carne.
디아나는 채식주의자인 반면 그녀의 언니는 고기를 좋아한다.

Día 025
¿Entrenas algún deporte?
너 운동하는 거 있어?

F　¿Entrenas algún deporte?

M　**Para nada**, yo no soy bueno para hacer ejercicio.

F　¿**Ni siquiera** para correr?

M　*No, si **algún día** me ves corriendo es porque algo malo está pasando.

F　너 운동하는 거 있어?
M　아니 전혀, 난 운동 잘 못해.
F　뛰는 것도 못해?
M　응, 만약 어느 날 내가 뛰는 걸 본다면 그것은 뭔가 나쁜 일이 일어나고 있기 때문일 거야.

기본 단어 확인

entrenar 훈련하다　algún 어떤　deporte 운동　para nada 전혀 (~이 아니다)　bueno(a) 좋은　ejercicio 운동　ni siquiera ~조차도 (아니다)　correr 뛰다　algún día (미래의) 어느 날　algo 무엇　malo(a) 나쁜　pasar 일어나다

TIP '뛰는 것도 못해?'와 같이 부정문으로 질문한 경우 못한다는 말을 한국어로는 '응'이라고 하지만 스페인어로는 'no'라고 한다.

🔍 핵심 표현 익히기

- **para nada** 전혀

¿Estás bravo? – *Para nada*.
화났어? – 전혀 아니야.

¿Tienes hambre? – No, *para nada*.
너 배고파? – 아니, 전혀.

¿Me veo fea? – *Para nada*, te ves muy bonita.
나 못생겨 보여? – 아니, 너 예뻐 보여.

- **ni siquiera** ~조차도 (아니다)

Nunca me llamó, *ni siquiera* una vez.
그(녀)는 나한테 단 한 번도 전화하지 않았다.

Ni siquiera se despidió de mi.
그(녀)는 내게 작별 인사조차 없었다.

No tengo *ni siquiera* un peso.
내겐 단돈 1페소도 없다.

- **algún día** (미래의) 어느 날

Algún día seré millonario.
언젠가 나는 백만장자가 될 거야.

Sé que ella volverá *algún día*.
그녀가 언젠가 돌아올 걸 난 알아.

Algún día habrá paz en el mundo.
어느 날 세상에 평화가 올 거야.

Día 026

Yo le gano en natación
내가 수영은 더 잘해

F ¿Crees que las máquinas son **mejores que** los humanos?

M *No lo sé; mi computador me gana en ajedrez.

F ¿Y tú **en qué** eres mejor que él?

M Yo le **gano en** natación.

F 기계가 사람보다 낫다고 생각하니?
M 모르겠어. 내 컴퓨터가 날 체스에서 이기긴 해.
F 그럼 너는 컴퓨터보다 잘하는 게 뭐야?
M 내가 수영은 더 잘해.

기본 단어 확인

creer que... ~이라고 생각하다 máquina 기계 mejor 더 좋은 que ~보다 humanos 인간
lo 그것을 saber 알다 computador 컴퓨터 ganar 벌다, 얻다, 이기다 ajedrez 체스 y 그리고, 그래서 él 그, 그것 natación 수영

TIP No sé라고 해도 되지만 모르는 의미를 좀 더 강조할 때 본문과 같이 lo를 붙일 수 있다.

핵심 표현 익히기

- **mejor que...** ~보다 낫다

El mango sabe *mejor que* el limón.
망고는 레몬보다 맛있다.

Mi cuñado es *mejor* nadador *que* mi esposo.
우리 아주버니는 내 남편보다 수영을 잘한다.

Antonio es *mejor* en fútbol *que* Raúl.
안또니오는 라울보다 축구를 잘한다.

- **en qué** 어떤 것을, 어떤 ~을

¿*En qué* videojuego eres bueno?
넌 어떤 비디오게임을 잘해?

¿*En qué* estilo musical es tu hermano un experto?
네 동생(형)은 어떤 스타일의 음악에 전문가야?

¿*En qué* ciudad viven tus padres?
너희 부모님은 어떤 도시에 사셔?

- **ganar en + 명사** ~을 이기다

Yo siempre le *gano* a mi abuelo *en* damas chinas.
난 항상 다이아몬드 게임에서 우리 할아버지를 이긴다.

Mi mejor amigo me *ganó en* la carrera de los 100 metros.
내 가장 친한 친구는 100미터 달리기에서 나를 이겼다.

Mi mamá me *gana* muy fácil *en* poker.
우리 엄마는 포커에서 나를 쉽게 이기신다.

73

Día 027
Ataque cardíaco
심장 발작

F **¿Hay algún** doctor **en** este avión**?**

M Yo soy *doctor, ¿qué está pasando?

F Ataque cardíaco, ¡un anciano va a morir!

M **Lo siento**, soy doctor pero en lenguas.

F 이 비행기에 의사(doctor) 아무나 계신가요?

M 제가 doctor인데, 무슨 일이에요?

F 심장 발작이에요. 어떤 할아버지가 돌아가시려고 해요!

M 죄송해요. 저는 언어학 박사(doctor)라서요.

기본 단어 확인

hay 있다 algún 어떤 doctor 의사, 박사 este 이 avión 비행기 qué 무슨, 어떤 pasar 일어나다 ataque 공격 cardíaco 심장의 anciano(a) 노인 morir 죽다 Lo siento 미안합니다 lengua 언어

TIP 여자가 찾는 사람은 의사인데 남자는 박사를 찾는 줄로 오해하였다. doctor에 '박사'와 '의사' 두 가지 의미가 다 있기 때문에 발생한 상황이다.

🔍 핵심 표현 익히기

- **¿Hay algún/alguna…?** 어떤 ~가 있나?

    ¿*Hay algún* ser humano que sea completamente feliz?
    완전히 행복한 사람이 있을까?

    ¿*Hay alguna* persona aquí que sepa primeros auxilios?
    여기 응급치료를 아는 사람이 있나요?

    ¿Saben si *hay algún* policía cerca?
    이 근처에 경찰이 있는지 아시나요?

- **en (el bus/avión/metro)…** ~ 안에, ~을 타고

    Mi hijo ya está *en el bus* hacia el colegio.
    내 아들은 이미 학교 가는 버스 안에 있다.

    Mi cuñado está viajando *en el avión* hacia Roma.
    우리 매형은 비행기를 타고 로마로 여행 중이다.

    Hay demasiadas personas hoy *en el metro*.
    오늘 지하철 안에 사람이 너무 많다.

- **lo siento** 미안해

    Lo siento mucho pero ya no hay boletas para la película.
    정말 죄송한데 이미 영화표가 다 팔렸어요.

    Mi novia *lo siente* demasiado, pero ella no puede prestarme dinero.
    내 여자친구는 내게 돈을 빌려줄 수 없어 미안해했다.

    El doctor *lo siente* mucho por la mala noticia que me dio.
    그 의사는 내게 나쁜 소식을 전한 것에 대해 매우 미안해한다.

Día 028
Fotos sin photoshop
보정 안 된 사진들

M Oye, se filtraron por internet **algunas de** tus fotos.

F **No me digas**, ¿sin ropa?

M No, sin photoshop.

F ¡No, eso no! **¿*Por qué me tiene que pasar esto a mí?**

M 이봐, 인터넷에 네 사진 몇 장이 유출됐어.
F 말도 안 돼. 벗고 있는 사진?
M 아니, 포토샵 안 된 사진.
F 그건 절대 안 돼! 왜 이런 일이 나한테 일어나는 거지?

기본 단어 확인

oye 야, 이봐　filtrarse 새어 나오다, 누출되다　algunos/algunas de... ~ 중 몇 개　No me digas 진짜?, 말도 안 돼　sin 없이　ropa 옷　por qué 왜　tener 갖다　pasar 일어나다

TIP ¿Por qué me tiene que pasar esto?를 직역하면 '왜 나한테 이런 일이 일어나야만 해?'이지만 실제로 이 표현은 '왜 나한테 이런 일이 일어날까?'라는 의미의 하소연이다.

핵심 표현 익히기

• algunos/algunas de + 명사   ~ 중 몇 개

En ese colegio estudian *algunos de* mis mejores amigos.   내 최고의 학생 중 몇 명이 그 학교에 다닌다.

En Rusia pasé *algunos de* mis peores años.
러시아에서 내 생애 최악의 몇 년을 보냈다.

Aquí tengo *algunas de* mis canciones favoritas.
여기 제가 좋아하는 노래가 몇 개 있어요.

• no me diga   말도 안 돼, 설마

No me digas **que perdiste todo el dinero.**
설마 네가 모든 돈을 잃어버렸다는 거야?

¿Estás muy aburrido aquí? ¿Si? *No me digas*.
너 이제 여기가 싫어? 어? 정말 말도 안 돼.

No me digan **que todos los estudiantes del salón dejaron la tarea en la casa.**
너희 교실의 모든 학생들이 숙제를 집에 놓고 왔다는 게 말이 돼?

• ¿Por qué me tiene que pasar esto a mí?
왜 나한테 이런 일이 일어나는 거지?

¿*Por que* todo lo malo *me tiene que pasar a mí*?
왜 모든 나쁜 일들이 내게 일어나는 거지?

¿*Por qué nos tiene que pasar esto a nosotros*?
왜 우리에게 이런 일이 일어나는 거지?

¿*Por qué* a los pobres *les tienen que ocurrir desgracias*?   왜 가난한 사람들에게 안 좋은 일들이 일어나지?

Día 029 ¿Por qué está gritando?

왜 이렇게 소리를 질러요?

M **¡Tranquilícese!** ¿Por qué está gritando?

F **Señor policía**, hay dos hombres que se están **peleando por** mi.

M ¿Y cuál es *el problema?

F Que está ganando el feo.

M 진정해요. 왜 이렇게 소리를 질러요?
F 경찰관님, 두 남자가 저 때문에 싸우고 있어요.
M 그래서 뭐가 문제죠?
F 못생긴 쪽이 이기고 있어요.

기본 단어 확인

tranquilizarse 조용해지다, 진정되다   gritar 소리치다   policía 경찰   hay 있다   dos 둘
hombre 남자   pelear por... ~을 얻기 위해 싸우다   cuál 어느, 어떤 것   problema 문제
ganar 이기다   feo(a) 못생긴

TIP problema는 a로 끝나지만 남성형 명사이다. 따라서 앞에 la가 아닌 el을 붙여 준다.

- **¡Tranquilízate!** 진정해라!

    ¡Tranquilízate Pablo! Ya viene la policía.
    파블로, 진정해! 이제 경찰이 올 거야.

    ¡Tranquilicémonos todos! Nada nos ganamos con estar nerviosos en este momento.
    우리 진정하자! 지금 우리가 긴장해선 아무런 도움이 안 돼.

    ¡Tranquilícense! Ya el terremoto pasó, ahora debemos salir. 모두들 진정해요! 지진은 지나갔고 이제 우리 나가야 해요.

- **señor policía** 경찰관님

    Señor juez, aquí está el acusado del crimen.
    재판관님, 여기 범죄 용의자가 있습니다.

    Señor director, el informe de la reunión está listo.
    사장님, 회의 보고서가 준비되었습니다.

    Señor presidente, las encuestas dicen que su popularidad está aumentando.
    대통령님, 여론 조사에 따르면 인기도가 올라가고 있다고 합니다.

- **pelear por + 명사** ~을 얻기 위해 싸우다

    Ellos están *peleando por* la comida.
    그들은 음식 때문에 싸우고 있다.

    Esos dos países están *peleando por* territorio.
    그 두 나라는 영토 분쟁 중이다.

    La gente de hoy en día se está *peleando por* casi todo.
    요즘 사람들은 별별 이유로 트집 잡고 다툰다.

Día 030
Yo tampoco lo creo
저도 그렇게 생각하지 않아요

F   Señor, ¿por qué cree que ha vivido tantos años?

M   Debe ser porque nunca le **llevo la contraria** a nadie.

F   **No creo que** sea sólo por eso.

M   *Yo **tampoco** lo creo, señora.

F   어르신, 어떻게 해서 이렇게 오래 사실 수 있었나요?
M   그건 제가 누구의 의견도 반대한 적이 없어서일 거예요.
F   단지 그것 때문일 거라 생각하진 않습니다만.
M   저도 그렇게 생각하지 않아요, 부인.

기본 단어 확인

señor 어른, 신사, ~씨   creer que... ~라고 생각하다   vivir 살다   tanto(a) 그렇게 많은   años 수년   debe ser... 반드시 ~일 것이다   nunca 결코   llevar la contraria 반대하다   sólo 유일의   por 때문에   eso 그것   tampoco ~도 (…아니다)   señora 부인

TIP 여기서 '저도 그렇게 생각하지 않아요'는 다시 말하면 '당신의 말에 동의합니다'의 의미이다.

• llevar la contraria 반대하다

A mi jefe le gusta *llevarle la contraria* a todos sus empleados.
내 상사는 그의 직원들과 논쟁하는 것을 좋아한다

Yo siempre le *llevo la contraria* a mis profesores.
난 항상 선생님들과 논쟁한다.

Mi novia nunca me *lleva la contraria* en nada.
내 여자친구는 나랑 어떤 일에도 절대 논쟁하지 않아.

• no creer que + 접속법 ~라고 생각하지 않다

No creo que mi loro esté enfermo.
내 앵무새가 아픈 것 같진 않아.

Juan *no cree que* sus problemas sean por llegar tarde a casa.
후안은 그의 문제들이 집에 늦게 가서 일어난 것이라고 생각하지 않는다.

Ellos *no creen que* deban entrenar todos los días.
그들은 매일 훈련해야 한다고 생각하지 않는다.

• tampoco ~도 (… 아니다)

Vanessa no vino al colegio y Andrea *tampoco*.
바네사도 안드레아도 학교에 오지 않았다.

Si tú no estás feliz, yo *tampoco*.
네가 행복하지 않다면 나도 행복하지 않아.

Andrés no tiene comida ni agua, Marcela *tampoco*.
안드레스처럼 마르셀라도 음식과 물이 없다.

Día 031~040

Día 031	No hice mi tarea 숙제를 안 했어요	
Día 032	Tiene unas manos enormes 손이 참 크시네요	
Día 033	A blanco y negro 흑과 백	
Día 034	Tengo hambre 배고파요	
Día 035	Pan duro 딱딱한 빵	
Día 036	Día de la madre 어머니의 날	
Día 037	Qué buen corazón tienes 넌 참 착하구나	
Día 038	Mi primera cirugía 나의 첫 수술	
Día 039	Ganas de estudiar 공부하고 싶은 마음	
Día 040	¿Quién no ha entendido nada? 아무것도 이해 못한 사람?	

Día 031
No hice mi tarea
숙제를 안 했어요

F   ¿Tienes alguna pregunta, *Jaimito?

M   Sí, ¿usted **castiga a los niños por algo** que no hicieron?

F   Claro que no, **¿por qué haría** eso**?**

M   ¡Que bueno, profesora! Es que **no hice** mi tarea.

F   하이미또, 질문 있니?
M   네, 선생님은 아이들이 하지 않은 일로 벌을 주시나요?
F   당연히 안 그러지. 내가 왜 그러겠니?
M   잘됐네요, 선생님! 사실 제가 숙제를 안 했어요.

기본 단어 확인

tener 갖다 alguno(a) 어떤 pregunta 질문 usted 당신, 너 castigar 벌주다 niño 아이 hacer 하다 claro que no 당연히 아니다 tarea 일, 숙제

TIP Jaime라는 이름 뒤에 -ito를 붙여 '작은 하이메'의 어감으로 만들었다. 이것을 diminutivo라 하는데 특히 남미에서 많이 쓰인다.

🔍 핵심 표현 익히기

- **castigar (a + 명사) + por + 명사**　~일로 (…에게) 벌주다

Mi papá me *castigó por* romper un vidrio.
우리 아빠는 유리를 깬 이유로 내게 벌을 주셨다.

Tuve que *castigar a* mi perro *por* morder los muebles.
가구들을 물어뜯는 것 때문에 우리 개한테 벌을 주어야 했다.

A mi hermano y a mi nos *castigaron por* tomar cerveza.　맥주를 마신 것 때문에 그들은 나와 내 동생에게 벌을 주었다.

- **¿Por qué haría + 명사?**　내가 왜 그렇게 하겠니?

¿Por qué haría algo así yo?
내가 왜 그런 일을 하겠어?

¿Por qué ese doctor *haría* esa cirugía sin los elementos necesarios?
왜 그 의사가 필요한 장비 없이 그 수술을 하겠어요?

¿Por qué mi hermano y yo *haríamos* tal desastre en la cocina?　왜 저랑 제 동생이 부엌에 그런 난장판을 피우겠어요?

- **no hice + 명사**　난 ~을 하지 않았다

Yo *no hice* el trabajo de sociales.
난 사회 과목 숙제를 안 했어.

Mis hermanas *no hicieron* hoy los oficios de la casa.
오늘 내 동생들은 집안일을 하지 않았다.

Mi mejor amigo *no hizo* el informe de la reunión que tuvimos.　내 가장 친한 친구는 우리가 했던 회의의 보고서를 작성하지 않았다.

Día 032 Tiene unas manos enormes
손이 참 크시네요

F   Vamos a **comenzar con** la clase de matemáticas.

M   Excelente, ¡**me encantan** los números!

F   **Si** tengo en una mano 10 manzanas y en la otra 12 peras, ¿qué tengo?

M   Maestra, ¡tiene *unas manos enormes!

F   이제 수학 수업을 시작하자.
M   좋아요, 전 숫자가 좋아요!
F   만약 내가 사과 10개를 한 손에 들고 배 12개를 다른 손에 들면 총 몇 개지?
M   선생님, 손이 참 크시네요!

기본 단어 확인

ir a hacer algo ~을 할 것이다 comenzar con... ~부터 시작하다 clase 수업 matemáticas 수학 excelente 훌륭한 encantar 기쁘게 하다 número 숫자 si 만약 ~라면 mano 손 manzana 사과 otro(a) 다른 pera 배 maestro(a) 선생님 enorme 거대한

TIP mano는 o로 끝나지만 여성명사이다.

핵심 표현 익히기

● **comenzar con + 명사**　~부터 시작하다

El antropólogo invitado *comenzó con* la charla sobre el ser humano.　초대된 인류학자는 사람에 대한 강연으로 시작했다.

A mi prima le gusta *comenzar con* la gaseosa y luego con la hamburguesa.
내 사촌은 음료를 마시고 이후에 햄버거를 먹는 것을 좋아한다.

En mi estudio *comencé con* matemáticas y luego con biología.　수학 공부를 먼저 시작하고 그 다음 생물을 공부했다.

● **me encantan + 명사**　난 ~이 좋아

A mi *me encanta* la música barroca.
나는 바로크 시대의 음악을 좋아한다.

A mi hermano *le encantan* las flores amarillas.
내 동생은 노란색 꽃을 좋아한다.

A la gente *le encanta* salir de vacaciones.
사람들은 휴가를 떠나는 것을 좋아한다.

● **si…**　만약 ~라면

Si Martina está enferma, no creo que vaya a la fiesta.
만약 마르띠나가 아프다면 그녀는 축제에 가지 않을 거야.

Si el caballo no quiere caminar es porque está hambriento.
만약 말이 걷기 싫어하면 그건 배고프기 때문이야.

Si el río está caudaloso no debemos nadar en él.
만약 강물이 너무 불어 있으면 우리는 거기서 수영하면 안 돼.

Día 033 A blanco y negro
흑과 백

F ¿*Cuáles son los animales **más** antiguos del mundo?

M **Creo que son** la vaca, el panda y el pingüino.

F ¿Y por qué piensas eso?

M Porque están a blanco y negro, **justo como** las viejas fotos o películas.

F 세상에서 가장 오래된 동물이 뭐야?
M 내 생각엔 젖소랑 판다랑 펭귄 같아.
F 왜 그렇게 생각해?
M 왜냐하면 이 동물들은 오래된 사진이나 영화처럼 색이 흑백이잖아.

기본 단어 확인

cuál 어떤것 animal 동물 más 더, 가장 antiguo(a) 오래된, 낡은 del mundo 세상에서 creer que... ~라고 생각하다 vaca 암소 panda 판다 pingüino 펭귄 pensar 생각하다 eso 그것 blanco y negro 흑백 justo 정확한, 꼭 맞는 como ~처럼 viejo(a) 낡은 foto 사진 película 영화

TIP 단수일 때는 Cuál es로, 복수일 때는 Cuáles son으로 묻는다.

• más + 형용사 가장 ~한

La ballena es el animal *más* pesado del planeta.
고래는 지구에서 가장 무거운 동물이다.

China es el país *más* poblado de todo el planeta.
중국은 지구에서 가장 인구가 많은 나라이다.

¿Cuál es el estudiante *más* alto del salón?
그 교실에서 가장 큰 학생은 누구지?

• creer que es/son... 그것(들)은 ~인 것 같다고 생각하다

Nosotros *creemos que* esta ciudad *es* de las más prometedoras.
우리는 이 도시가 가장 유망한 도시 중 하나라고 생각해.

Mi conductor *cree que* la mejor marca de auto *es* Chevrolet.
내 운전사는 쉐보레가 최고의 자동차 메이커라고 생각해.

***Creo que* mis colegas *son* excelentes trabajadores.**
내 동료들은 유능한 일꾼인 것 같아.

• justo como ~과 똑같이

Me dieron el desayuno *justo como* lo quería.
그들은 내가 딱 원하는 대로 아침을 해 주었다.

Mis padres compraron un apartamento *justo como* lo habían soñado.
우리 부모님은 그들이 꿈꾸던 그런 아파트를 구매하셨다.

Mi prometida compró el vestido de novia *justo como* lo deseaba.
내 약혼녀는 딱 원하는 웨딩드레스를 구입했다.

Día 034
Tengo hambre
배고파요

- M Mami, *tengo mucha hambre.
- F En la nevera **hay** bananos; escoge uno y cómetelo.
- M Yo no quiero frutas, quiero algo salado y grasoso.
- F Lo siento hijo, pero **ese tipo de** comida no es buena **para** tu salud.

- M 엄마, 배가 엄청 고파요.
- F 냉장고에 바나나 있어. 그거 꺼내 먹어.
- M 과일은 안 먹고 싶어요. 짭짤하고 기름진 것 먹고 싶단 말이에요.
- F 아들아, 미안한데, 그런 음식들은 몸에 좋지 않단다.

기본 단어 확인

tener 가지다 mucho(a) 많은 hambre 배고픔 nevera 냉장고 hay 있다 banano 바나나 escoger 고르다 comerse 먹어 버리다 querer 원하다 fruta 과일 algo 어떤 것 salado(a) (맛이) 짠 grasoso(a) 기름기가 많은 Lo siento 미안합니다 tipo 종류 comida 음식 bueno(a) 좋은 salud 건강

TIP 스페인어에선 배고프다는 표현을 '배고픔을 갖고 있다'라고 한다. estar hambriento로 쓸 수도 있다.

🔍 핵심 표현 익히기

• hay + 명사   ~이 있다

En el horno *hay* unas ricas galletas.
오븐에 맛있는 과자가 있다.

Hay muchos zancudos en las montañas.
산에는 모기가 많다.

Hay mucho dinero en mis bolsillos.
내 주머니에는 돈이 많다.

• ese tipo de + 명사   그런 종류의 ~

No me gusta *ese tipo de* música.
난 그런 종류의 음악이 싫어.

Me encanta *ese tipo de* literatura.
난 그런 종류의 문학이 좋더라.

Mi padre ama *ese tipo de* personas.
우리 아버지는 그런 종류의 사람을 좋아하셔.

• para + 명사   ~을 위해

Las frutas son muy buenas *para* la digestión.
과일은 소화에 좋다.

Los deportes son excelentes *para* ejercitar el cuerpo.
그 운동들은 몸을 단련시키는 데 좋다.

Los libros son de gran ayuda *para* el cerebro.
그 책들은 두뇌 발달에 큰 도움을 준다.

Día 035
Pan duro
딱딱한 빵

M   ¿Qué vamos a comer hoy, mamá?

F   Sopa con pan duro.

M   ¿**Otra vez** pan viejo? ¿Cuándo vamos a comer *pan **de hoy**?

F   ¡***Pues** mañana, hijo!

M   엄마, 오늘 우리 뭐 먹어요?
F   수프랑 딱딱한 빵.
M   오래된 빵 또 먹어요? 오늘 구운 빵은 언제 먹어요?
F   내일 먹지, 아들!

기본 단어 확인

qué 무엇 ir a... ~을 할것이다 comer 먹다 hoy 오늘 mamá 엄마 sopa 수프 con 함께 pan 빵 duro(a) 딱딱한 otra vez 다시 한 번 viejo(a) 낡은, 오래된 cuándo 언제 ...de hoy 오늘의 ~ pues 그럼, 그러면 mañana 내일

TIP 1 pan de hoy는 pan fresco(신선한 빵)으로 표현할 수도 있다.

TIP 2 pues는 구어체에서 많이 쓰이는 표현으로 '글쎄'와 같이 습관적으로 쓰는 말이다. 영어의 then이나 well과 비슷하다.

핵심 표현 익히기

• otra vez 다시 한 번

Otra vez mi hamster se escapó de su jaula.
내 햄스터가 다시 한 번 우리를 탈출했다.

El ladrón robó la misma tienda *otra vez*.
도둑이 같은 가게를 또 다시 털었다.

Mis padres me castigaron sin poder salir a la calle *otra vez*.
부모님이 또다시 외출 금지 벌을 내리셨어.

• ...de hoy 오늘의 ~

Este es el periódico *de hoy*.
이것은 오늘 자 신문이에요.

Esta torta es *de hoy*; la prepararon esta mañana.
이 파이는 오늘 거예요. 오늘 아침에 준비했어요.

El reporte del clima *de hoy* fue bastante esperanzador.
오늘의 일기 예보는 매우 좋은 소식이었다.

• pues 그러면, 글쎄

¡*Pues* vete entonces si estás muy aburrido!
그렇게 지겨우면 가 버려!

¡*Pues* estudia más si quieres aprobar tus exámenes!
시험에 합격하고 싶다면 공부를 더 해!

¡*Pues* váyanse a dormir si están muy cansados!
너희들 많이 졸리다면 자러 가!

Día 036
Día de la madre
어머니의 날

F **¿Qué regalo le vas a dar a** tu mamá el día de la madre**?**

M Voy a hacerle una linda tarjeta.

F Tu mamá te crió y todo **lo que** le vas a dar, ¿es una tarjeta?

M *Está bien; ella **sabe que** yo la amo.

F 어머니의 날에 어머니께 어떤 선물을 드릴 거야?
M 난 예쁜 카드를 만들어 드리려고.
F 널 키워 주신 어머니께 드린다는 게 고작 카드 한 장이라고?
M 괜찮아. 우리 어머니는 내가 사랑하는 거 아시거든.

기본 단어 확인

qué 무슨 regalo 선물 ir a... ~할 것이다 dar 주다 el día de... ~의 날 madre 어머니 hacer 만들다 lindo(a) 예쁜 tarjeta 카드, 엽서 criar 양육하다 todo 모든 것 ella 그녀 saber 알다 amar 사랑하다

TIP '좋다'의 bien과 '~이다'의 está가 만나 '괜찮아'란 의미의 Está bien이 되었다.

핵심 표현 익히기

- **¿Qué regalo le vas a dar a + 명사?**
  ~에게 무슨 선물을 줄 거야?

  ¿Qué regalo le vas a dar a tu hijo en su cumpleaños?
  아들한테 생일 선물 뭐 줄 거야?

  ¿Qué regalo le vas a dar a tus padres en su aniversario?
  부모님 결혼기념일 날 무슨 선물을 드릴 거야?

  ¿Qué regalo le vas a dar a tu bebé en navidad?
  크리스마스에 아기에게 어떤 선물을 줄 거야?

- **lo que + 주어 + 동사**   ~가 …하는 것

  Lo que digo es que tú eres muy inteligente.
  내가 말하는 것은 넌 매우 똑똑하다는 거야.

  Lo que debes hacer es salir a buscar trabajo.
  네가 해야 할 것은 일을 구하러 나가는 거야.

  Lo que espero es desayunar pronto.
  내가 바라는 건 곧 아침을 먹는 거야.

- **sabe que + 주어 + 동사**   ~가 …하는 걸 알아

  Mi esposa *sabe que* yo trabajo muy duro.
  내 아내는 내가 열심히 일하는 거 알아.

  Yo *sé que* mis padres duermen hasta tarde.
  나는 우리 부모님이 늦게까지 주무신다는 걸 알아.

  Fernanda *sabe que* yo escucho música en las noches.
  페르난도는 내가 밤마다 음악을 듣는다는 걸 알아.

Día 037
Qué buen corazón tienes
넌 참 착하구나

F   Hijo, **¿qué quieres?**

M   Mami, ¿**me das** dinero para ***darle al** señor que grita en la calle?

F   Claro, qué buen corazón tienes. ¿Qué está gritando?

M   Lo que él grita es: ¡helados, ricos helados!

F   아들, 뭐 필요해?
M   엄마, 길에서 소리치는 아저씨한테 주게 돈 좀 주실래요?
F   물론이지, 넌 참 착한 아이야. 뭐라고 소리치는데?
M   이렇게 소리쳐요, "아이스크림, 맛있는 아이스크림!"

기본 단어 확인

querer 원하다   dar 주다   dinero 돈   gritar 소리치다   calle 길   Claro 물론이지   buen(a) 좋은   corazón 심장, 마음   tener 갖다   lo que ~한 그것   helado 아이스크림   rico(a) 맛있는

TIP darle(그/그녀에게 주다)에서 누구에게 주는지를 더 명확히 하기 위해 al señor를 붙여 주었다. 이러한 구조는 스페인어에서 많이 쓰인다.

🔍 핵심 표현 익히기

- **¿Querer + 명사?** ~을 원하니?
  ¿Querer + 부정사 (+명사)? ~하기를 원하니?

  ¿Quieres una pizza o un perro caliente?
  너 피자 먹을래, 아니면 핫도그 먹을래?

  ¿Quieren los niños jugar fútbol en el parque?
  애들은 공원 가서 축구 하기를 원하니?

  ¿Quiere tu mejor amigo tomar jugo o agua?
  네 친구는 주스랑 물 중 무엇을 마시길 원해?

- **me das + 명사** 제게 ~ 좀 주세요

  Abuelito, ¿*me das* dos mil pesos para una piruleta?
  할아버지, 롤리팝 사 먹게 2,000 페소 좀 주실래요?

  Cariño, ¿*me das* permiso para ir a una fiesta con mis amigos? 여보, 친구들이랑 파티에 좀 가도록 허락해 주면 안 돼?

  Hijo, *dame* el control remoto que quiero cambiar de canal. 아들, 채널 바꾸게 리모컨 좀 주렴.

- **darle a + 명사** ~에게 주다

  Profesor, *dale a* María su cuaderno de matemáticas.
  선생님, 마리아에게 수학 공책 주세요.

  Señor alcalde, *dele a* los habitantes de la ciudad un medio de transporte digno.
  시장님, 시민들에게 괜찮은 교통수단을 마련해 주세요.

  Quiero *darle a* mi hermano menor mi gorra favorita.
  내 동생에게 내가 제일 좋아하는 모자를 주고 싶어요.

Día 038
Mi primera cirugía
나의 첫 수술

M   Señora, ¿**está *lista para** la cirugía? vamos a empezar.

F   **Espere un segundo**; estoy muy nerviosa por ser mi primera intervención.

M   No se preocupe, **esta** también **es** mi primera cirugía.

F   Excelente, ahora ya me siento mucho mejor. Comience por favor.

M   아주머니, 수술 준비 되셨나요? 시작합니다.
F   잠깐만요. 저 첫 수술이라 매우 긴장돼요.
M   걱정 마세요. 이건 제 첫 수술이기도 하니까요.
F   잘됐네요. 이제 기분이 훨씬 좋아졌어요. 시작해 주세요.

기본 단어 확인

estar listo(a) 준비되어 있다 cirugía 수술 ir a... ~할 것이다 empezar 시작하다 Espere un segundo 잠깐만요 nervioso(a) 긴장된 primero(a) 처음의 intervención 외과수술 No se preocupe 걱정 마세요 también 역시, 또한 excelente 훌륭한, 멋진 ahora 지금 ya 벌써, 이제는 sentir 느끼다 mejor 더 좋은 comenzar 시작하다 por favor 부탁합니다

TIP 남자의 경우 listo를, 여자의 경우 lista를 쓴다.

핵심 표현 익히기

• estar listo(a) para + 명사   ~을 위한 준비가 되다

Ahora siento que *estoy listo para* casarme.
난 지금 결혼 준비가 된 것 같다.

Mis amigos *están listos para* la fiesta de mañana.
내 친구들은 내일 있을 파티에 갈 준비가 되었다.

Debo *estar lista para* el discurso del sábado.
나는 토요일에 있을 강연 준비가 되어 있어야 한다.

• espere un segundo   잠깐 기다려요

Papi, *espera un segundo*; dejé el libro en el colegio.
아빠, 잠깐만요. 학교에 책을 두고 왔어요.

Jóvenes, *esperen un segundo*; hoy no pueden salir a recreo.
학생 여러분, 잠깐 기다리세요. 오늘은 쉬는 시간을 가지러 밖에 못 나갑니다.

Amiga, *espera un segundo* ¿viste dónde dejé mi celular?
친구야, 잠깐만. 내가 휴대폰 어디에 놨는지 봤니?

• este/esta es, estos/estas son + 명사   이것은 ~이다

***Este es* mi color favorito.**
이것은 내가 가장 선호하는 색깔이다.

***Esta es* la canción que más me gusta.**
이것은 내가 제일 좋아하는 노래이다.

***Estos son* los libros que leí este año.**
이것들은 올해 내가 읽은 책이다.

Día 039
Ganas de estudiar
공부하고 싶은 마음

M   Te ves un poco ansiosa, ¿qué tienes?

F   Papi, hoy *me levanté con muchas ganas de estudiar.

M   Muy bien hija, ¿y qué vas a hacer?

F   Volver a la cama a ver si se me pasa.

M   너 좀 불안해 보이는데, 무슨 일이야?
F   아빠, 오늘 열심히 공부하고 싶은 마음을 갖고 일어났어요.
M   잘됐다, 우리 딸. 그래서 어떻게 할 거야?
F   침대로 돌아가서 이게 그냥 지나가는 생각인지 보려고요.

기본 단어 확인

verse ~처럼 보이다 poco(a) 조금의 ansioso(a) 불안에 사로잡힌, 안달이 난 tener 갖다 hoy 오늘 levantarse 일어나다 con 함께 gana 의욕 estudiar 공부하다 ir a... ~을 할것이다 hacer 만들다, 하다 volver a... 다시 ~하다 a ~하기위해 ver 보다 pasarse 지나가다

TIP 타동사인 levantar(누군가를 일으키다)에 se를 붙여 levantarse(일어나다)의 의미로 만들어 주었다.

핵심 표현 익히기

- **levantarse** 일어나다

Mi mamá no quiere *levantarse* de la cama y ya está tarde. 이미 늦었는데 우리 엄마는 일어날 생각이 없으시다.

Mis primos y yo siempre *nos levantamos* bastante temprano. 내 사촌들과 나는 항상 일찍 일어난다.

Jorge *se levantó* hoy de muy mal humor.
호르헤는 오늘 기분이 언짢은 채로 일어났다.

- **ganas de + 부정사** ~하고 싶다

Tengo *ganas de* comer algo dulce.
난 뭔가 달콤한 걸 먹고 싶다.

Tengo *ganas de* ir a la playa.
난 해변에 가고 싶다.

No tengo *ganas de* ordenar la casa hoy.
오늘은 집 정리를 하고 싶지 않다.

- **volver a + 부정사** 다시 ~하다

Mi papá quiere *volver a* trabajar como doctor.
우리 아빠는 다시 의사로 일하고 싶어 하신다.

Ayer *volví a* ver la película: "El Cuaderno".
어제 〈노트북〉이라는 영화를 다시 봤다.

El equipo local de baloncesto *volvió a* ganar el partido.
그 지역 농구 팀은 경기를 또 이겼다.

□MP3 듣기 ▶ □저자 강의 듣기 ▶ □복습하기

Día 040
¿Quién no ha entendido nada?
아무것도 이해 못한 사람?

F ¿Por qué estás tan feliz hoy?

M Mamá, hoy **en** el colegio *hicieron una pregunta, y fui **el único** que levantó la mano.

F ¿Y **cuál fue** la pregunta, hijo**?**

M La profesora preguntó, "¿quién no ha entendido nada?"

F 오늘 매우 행복해 보이네?
M 엄마, 학교에서 질문 받았는데, 손을 든 사람이 저 하나뿐이었어요.
F 그래서 그 질문이 뭐였니, 아들아?
M 선생님이 이렇게 물었어요, "아무것도 모르겠는 사람 있니?"

기본 단어 확인

por qué 왜   tan 그렇게 많이   feliz 행복한   hoy 오늘   colegio 학교   hacer 하다, 만들다   pregunta 질문   ser ~이다   único 유일한   levantar 올리다, 일으키다   mano 손   cuál 어떤 것   profesor(a) 교사, 교수   entender 이해하다   nada 아무것도

TIP 이 문장에서 단수형 hizo가 아닌 복수형 hicieron이 쓰였는데, 학교에서 일어난 일반적인 일은 이렇게 복수형으로 표현할 수 있다.

핵심 표현 익히기

- **en + 장소**   ~에서, ~에는

En la biblioteca hay libros para gente ciega.
도서관에는 장님들을 위한 책이 있다.

Mi hermano trabaja *en* la estación de policía.
우리 형은 경찰서에서 일한다.

Compré una píldora para el dolor de cabeza *en* la droguería.
나는 약국에서 두통약 한 알을 샀다.

- **el único / la única**   단 한 사람

Mi abogado es *el único* que pudo ayudarme en esta crisis.   내 변호사는 이 위기에서 나를 도와줄 수 있었던 유일한 사람이다.

Mi hermana mayor es *la única* que conduce en mi casa.   우리 누나는 우리 가족 중 유일하게 운전할 줄 아는 사람이다.

Mi sobrina es *la única* persona que realmente me entiende.   내 조카는 나를 잘 이해하는 유일한 사람이다.

- **¿Cuál fue...?**   ~은 무엇이었습니까?

¿Cuál fue el libro que leíste la semana pasada?
지난주에 읽었던 책이 뭐야?

¿Cuál fue la respuesta de tu jefe esta mañana?
오늘 아침에 상사가 했던 대답이 뭐야?

¿Cuál fue el problema que tuviste con el taxista?
택시 기사와 무슨 문제가 있었지?

Día 041~050

Día 041	Una decisión difícil 어려운 결정
Día 042	Un padre olvidadizo 건망증 심한 아빠
Día 043	Ya quiero conocer a mi hermanito 동생이 얼른 보고 싶어요
Día 044	Dulces sueños 달콤한 꿈
Día 045	Jugando al fútbol 축구 게임에서
Día 046	¿Un conejito blanco o uno negro? 흰색 토끼 아니면 검은색 토끼?
Día 047	Quiero casarme con tu hija 따님과 결혼하고 싶습니다
Día 048	Un buen negocio 좋은 협상
Día 049	Casado y con hijos 기혼에 자식까지...
Día 050	Robar es algo muy malo 도둑질은 매우 나쁜 짓이다

Día 041
Una decisión difícil
어려운 결정

F   Tu papá y yo nos vamos a *separar, ¿lo sabías?

M   Eso creo, ¿y qué va a pasar ahora?

F   Tienes que decidir con **cuál de los dos** te quieres ir.

M   **A ver…** ¿quién **se** va a **quedar con** el carro?

F   네 아빠랑 나는 이혼할 거야, 알고 있었어?
M   그런 것 같아요. 이제 어떻게 되는 거죠?
F   넌 우리 둘 중에 같이 가고 싶은 사람을 선택해야 해.
M   어디 보자……, 차는 누가 갖게 되는 거죠?

기본 단어 확인

tu 너의 papá 아빠 ir a... ~할것이다 separarse 나누어지다, 헤어지다 lo 그것 saber 알다 eso 그것 creer 생각하다 pasar 일어나다 ahora 지금 tener que... ~해야 한다 decidir 결정하다 querer 원하다 a ver... 어디 보자 quedarse con... (무엇을 돌려주지 않고) 갖다 carro 차

TIP separarse에는 '나누어지다'의 뜻도 있지만 '헤어지다'의 뜻도 있다.

🔍 핵심 표현 익히기

• cuál de los dos 둘 중 어느 쪽/어떤 것

¿*Cuál de los dos* apartamentos vas a comprar?
두 아파트 중에 어떤 것을 구매할 거야?

De estos dos autos, ¿*cuál de los dos* te gusta más?
이 두 차 중 어떤 게 더 맘에 들어?

¿*Cuál de los dos* cantantes es mejor?
이 두 가수 중에 누가 더 잘해?

• a ver... 어디 보자……

A ver… **¿quién escondió mi celular?**
가만, 내 휴대폰 누가 숨겼어?

A ver… **¿cuántos estudiantes hay en este salón?**
어디 보자……. 이 교실에 학생이 몇 명이지?

A ver… **¿quién quiere ir conmigo a un parque de diversiones?**
어디 보자……. 나랑 놀이공원 가고 싶은 사람 누구지?

• quedarse con (돌려주지 않고) 갖다

Mi ex-esposa *se* va a *quedar con* la casa del centro de la ciudad. 내 전처는 도심지에 있는 집을 갖게 될 것이다.

Nos **vamos a *quedar con* una tortuga que nos encontramos; será una excelente mascota.**
우린 우연히 발견한 거북이를 키우려고 해. 좋은 애완동물이 될 것 같아.

¿*Te* vas a *quedar con* todos esos videojuegos?
네가 그 게임 다 가질 거야?

Día 042 — Un padre olvidadizo
건망증 심한 아빠

F   Amor, ¿me pasas el bebé por favor?

M   *Espera, estoy **esperando que empiece a** llorar.

F   ¿Y por qué no me lo puedes pasar ahora?

M   ¡Es que **no recuerdo** dónde fue que lo puse!

F   여보, 애기 좀 나한테 건네줄래?
M   잠깐만, 애가 울기 시작하길 기다리고 있어.
F   근데 왜 지금 애기를 못 건네준다는 거야?
M   그게 애를 어디다 놨는지 기억이 안 나서 말이야!

기본 단어 확인

amor 사랑, 연인 pasar 건네다 bebé 아기 por favor 부탁합니다 esperar 바라다, 기다리다 empezar ~을 시작하다 llorar 울다 poder ~할 수 있다 ahora 지금 es que 실은 (~ 때문이다) recordar 기억하다 dónde 어디에 poner 놓다

TIP esperar의 긍정 명령형은 다음과 같다.
(tú) ¡espera! 기다려 / (usted) ¡espere! 기다려요 / (nosotros) ¡esperemos! 우리 기다리자 /
(vosotros) ¡esperad! 너희 기다려 / (ustedes) ¡esperen! 당신들 기다려요

핵심 표현 익히기

- **esperar que** (+주어) + 접속법　(누가) ~하기를 바라다

Mi jefe está *esperando que* yo tenga el record de ventas este año.
내 상사는 올해 내가 판매 기록을 세우기를 바라고 있다.

Estoy *esperando que* mi novia se case conmigo este año.　나는 내 여자친구가 올해 나와 결혼하기를 바라고 있다.

Mis primos *esperan que* yo los visite este año.
내 사촌들은 내가 올해 그들을 방문하기를 바란다.

- **empezar a** + 부정사 (+명사)　~하기 시작하다

El gato *empezó a* maullar en el techo.
그 고양이는 지붕에서 울기 시작했다.

Empiezo a trabajar en septiembre.
나는 9월부터 일을 시작한다.

Está *empezando a* llover demasiado fuerte.
굉장히 많은 비가 내리기 시작한다.

- **no recuerdo**　기억이 안 나

Yo *no recuerdo* qué fue lo que hice el fin de semana pasado.　나는 지난 주말에 뭘 했는지 기억이 안 난다.

Mis abuelos *no recuerdan* los nombres de todos sus nietos.　우리 할아버지, 할머니는 모든 손주들의 이름을 기억하지 못해.

Mi papá *no recuerda* dónde deja sus cosas.
우리 아빠는 물건을 어디다 뒀는지 기억을 잘 못하신다.

Día 043 Ya quiero conocer a mi hermanito

동생이 얼른 보고 싶어요

F   ¿Por qué me miras **así**? ¿**Quieres** preguntarme algo?

M   Mami, ¿qué tienes dentro de la barriga?

F   Tengo un *pequeño bebé al cual amo mucho.

M   ¿En serio? ¡Qué emoción! ¡**Ya quiero** conocer a mi hermanito!

F   날 왜 그렇게 보니? 뭐 물어보고 싶어?
M   엄마, 그 뱃속에는 뭐가 있어요?
F   엄마가 매우 사랑하는 작은 애기가 있단다.
M   정말요? 와, 신난다! 얼른 동생이 보고 싶어요!

기본 단어 확인

por qué 왜   mirar 보다   así 그렇게   querer ~을 원하다   preguntar 묻다   algo 어떤 것   tener 갖다   dentro de... ~안에   barriga 배   pequeño(a) 작은   bebé 갓난아기   amar 사랑하다   mucho(a) 많은   ¿En serio? 진짜?   emoción 감동   ya 즉시, 지금 곧   conocer 알다   hermano 남동생, 형, 오빠

TIP pequeño bebé에는 '작고 귀여운 아기'의 어감이 있고, bebé pequeño에는 '덩치가 작은 아기'의 어감이 있다.

핵심 표현 익히기

- **así** 그렇게

¿Por qué tienes la ropa *así* toda sucia?
너 왜 옷이 그렇게 더러워?

Me encanta cuando bailas *así*.
난 네가 그렇게 춤추는 게 좋더라.

¿*Así* es como te gusta vivir?
넌 그렇게 살고 싶니?

- **querer + 부정사** ~하고 싶어 하다

¿*Quieres* ir al centro comercial conmigo?
너 나랑 쇼핑센터에 가고 싶니?

Mi colega *quiere* inaugurar una tienda de ropa.
내 동료는 옷 가게를 열고 싶어 한다.

Los miembros del equipo de béisbol *quieren* ganar el campeonato.
그 야구팀의 멤버들은 선수권 대회에서 우승하고 싶어 한다.

- **ya quiero + 부정사 + 명사** 얼른 ~하고 싶다

Estoy aburrido, *ya quiero* salir de aquí.
지루해, 얼른 이곳을 벗어나고 싶어.

Ya quiero que sea lunes para verte.
얼른 월요일이 와서 너를 보고 싶다.

Ya quiero terminar de leer este libro, está muy interesante.
이 책 얼른 다 읽고 싶어. 너무 재미있거든.

Día 044
Dulces sueños
달콤한 꿈

F Hola Juanito, ¿qué te soñaste hoy?

M Soñé que me ganaba 10 millones **al mes** como mi padre.

F ¿Tu padre gana ***todo ese** dinero?

M No, él **también** se sueña que se gana ese sueldo.

F 안녕, 후아니또. 오늘 무슨 꿈 꿨어?
M 우리 아빠처럼 나도 한 달에 천만 원 버는 꿈 꿨어.
F 너희 아빠가 그만큼이나 벌어?
M 아니, 아빠도 그만큼 버는 꿈을 꾸시곤 하거든.

기본 단어 확인

soñar 꿈꾸다 hoy 오늘 ganar 벌다, 얻다 millon 백만 mes 달 al mes 한 달에 como... ~와같이 padre 아버지 todo(a) 모든 ese 그 dinero 돈 también 역시, 또한 sueldo 봉급

TIP todo ese / toda esa는 강조의 뉘앙스를 담고 있어 놀람, 감탄의 표현으로 자주 쓰인다.

• al mes 한 달에

Voy a Seúl a visitar a mis padres dos veces *al mes*.
나는 한 달에 두 번 부모님을 뵈러 서울에 올라간다.

Mi esposa viaja fuera del país una vez *al mes*.
내 아내는 한 달에 한 번씩 해외여행을 간다.

Mis amigos ganan tres millones de euros *al mes*.
내 친구들은 한 달에 3백만 유로를 번다.

• todo ese / toda esa + 명사 그 모든 ~

¿Te vas a comer *todo ese* pastel?
너 그 케이크 모두 다 먹을 거야?

Ellos estuvieron juntos *todo ese* tiempo.
그들은 그 모든 시간 동안 함께했다.

Juan y Antonio se tomaron *toda esa* gaseosa.
후안과 안또니오는 그 모든 음료를 다 마셨다.

• también 또한, 역시

Mi madre *también* es una persona muy amable.
우리 어머니 역시 매우 친절한 사람이다.

Mi tortuga *también* es una de mis mascotas.
내 거북이 역시 내 애완동물 중 하나이다.

Química *también* es una materia muy difícil.
화학 역시 매우 어려운 과목이다.

Día 045
Jugando al fútbol
축구 게임에서

F Hoy mi adorado nieto se ve muy alegre.

M Sí abuelita, es que hoy **marqué** un tremendo gol **jugando al** fútbol.

F **¡Felicitaciones**, así se hace! ¿Y *ganaron el partido?

M No, perdimos 1-0. ¡Es que marqué un autogol!

F 오늘 내 사랑스러운 손자가 참 행복해 보이네.
M 맞아요, 할머니. 사실 오늘 축구에서 대단한 골을 넣었거든요.
F 축하해, 축구는 그렇게 하는 거야! 그래서 경기는 이겼고?
M 아니요, 1대0으로 졌어요. 사실 자살골이었거든요.

기본 단어 확인

hoy 오늘 adorado 사랑스러운 verse ~처럼 보이다 alegre 기쁜 abuelita abuela(할머니)의 애칭 es que 실은 marcar 표시하다, 득점하다 tremendo 무시무시한, 굉장한 gol 골 jugar 놀다, 경기를 하다 jugar a... ~경기를 하다 fútbol 축구 Felicitaciones 축하합니다 así 그렇게 partido 경기 perder 잃다, 지다 autogol 자책골

TIP '너희들이 이겼니?'를 표현하기 위해 복수형인 ganaron이 쓰였다.

 핵심 표현 익히기

- **marcar** 득점하다

Lionel Messi *marcó* tres goles hoy.
리오넬 메시는 오늘 세 골을 넣었다.

Ronaldo *marcó* dos goles en el partido de ayer.
호날두는 어제 경기에서 두 골을 넣었다.

Estoy celebrando porque mi equipo acabó de *marcar* un tanto.
우리 팀이 막 한 골을 넣어서 나는 기뻐하고 있다.

- **jugar a + 명사** ~을 하고 놀다, ~ 경기를 하다

Mis hijos *jugaron a* las escondidas todo el día.
내 아이들은 하루 종일 숨바꼭질을 하고 놀았다.

A uno de mis estudiantes le gusta *jugar al* bingo.
내 학생들 중 하나는 빙고게임 하는 것을 좋아한다.

Mi abuelo disfruta *jugar al* ajedrez conmigo.
내 할아버지는 나랑 체스 두기를 좋아하신다.

- **felicitaciones** 축하합니다, 축하

Quedaste en primer lugar, ¡*felicitaciones*!
1등을 지키셨네요. 축하합니다!

¡*Felicitaciones* a los alumnos que aprobaron todos sus exámenes!
모든 시험에 통과한 학생들을 축하합니다!

He recibido muchas *felicitaciones*.
나는 많은 축하를 받았다.

Día 046

¿Un conejito blanco o uno negro?

흰색 토끼 아니면 검은색 토끼?

F **A la orden**, niño. *¿Qué se te ofrece?

M Quiero un conejito veloz y de orejas muy largas.

F ¿Lo quieres blanco y suave o negro y esponjado?

M **Da igual**, no creo que mi boa constrictor note la diferencia.

F 뭐든지 말해, 꼬마야. 뭐 줄까?
M 민첩하고 귀가 큰 토끼 한 마리 주세요.
F 하얗고 부드러운 녀석으로 줄까, 아니면 검고 솜털 같은 녀석을 줄까?
M 상관없어요. 제 보아뱀은 그런 거 잘 모를 거예요.

기본 단어 확인

a la orden 뭐든지 말씀하세요   ¿Qué se le ofrece? 무엇을 드릴까요?   querer 원하다   conejo 토끼   veloz (움직임이) 빠른   oreja 귀   blanco(a) 하얀   suave 부드러운   negro(a) 검은   esponjado(a) 솜털 같은   da igual 상관없다   no creo que... ~라고 생각하지 않는다   boa constrictor 보아뱀   notar 인식하다   diferencia 차이

TIP ¿Qué se te ofrece?는 주로 중남미에서 쓰이며 '무엇을 도와드릴까요?'라는 의미로 공손하게 사용된다.

핵심 표현 익히기

• a la orden 뭐든지 말씀하세요

A la orden señor, ¿qué desea tomar?
뭐든지 말씀하세요. 음료수 뭐 드실래요?

Cualquier cosa que necesites sabes que estoy *a la orden*.
필요한 게 있다면 뭐든지 말씀하세요.

A la orden señorita, ¿desea ver la carta de vinos?
뭐든지 말씀하세요, 아가씨. 와인 메뉴를 보여 드릴까요?

• ¿Qué se le ofrece? 무엇을 드릴까요?

Muy buenos días, joven. *¿Qué se le ofrece?*
안녕하세요, 젊은이. 무엇을 드릴까요?

Buenas noches, doctor. *¿Qué se le ofrece?*
안녕하세요, 의사 선생님. 무엇을 드릴까요?

Buenas tardes, niña. *¿Qué se te ofrece?*
안녕, 꼬마야. 뭐 줄까?

• da igual 상관없다

Da igual si quieres ir conmigo o no.
네가 나랑 함께 가고 싶어 하든 그렇지 않든 상관없어.

Si me quieres o me odias, a mi me *da igual*.
네가 나를 좋아하든 싫어하든 난 상관없어.

Da igual si comemos perro caliente o hamburguesa.
우리가 핫도그를 먹든 햄버거를 먹든 난 상관없어.

Día 047
Quiero casarme con tu hija
따님과 결혼하고 싶습니다

F   Buenas noches, *yerno. ¿Qué te trae por aquí?

M   Hola, suegra. Quiero **casarme con** tu hija.

F   ¿Y por qué vienes tan tarde? Ven mañana **por la mañana** y hablamos.

M   **Como dice el dicho**, no dejes para mañana lo que puedas hacer hoy.

F   좋은 밤이네, 사위. 무슨 일인가?
M   장모님, 안녕하세요. 따님과 결혼하고 싶습니다.
F   왜 이렇게 늦은 시간에 왔나? 내일 아침에 다시 와서 얘기하세.
M   '오늘 일을 내일로 미루지 말라'라는 말이 있잖아요.

기본 단어 확인

Buenas noches 좋은 저녁입니다 yerno 사위 traer 가져오다, 끌어당기다 por aquí 이곳으로 suegra 장모 querer ~을 원하다 casarse con... ~와 결혼하다 hija 딸 venir 오다 tarde 늦게 mañana 내일, 아침 por la mañana 아침에 hablar 말하다 como dice el dicho 속담에 의하면 dejar 남기다

TIP 아직 결혼하지 않았음에도 딸의 남자친구를 사위(yerno)로 부르기도 한다.

핵심 표현 익히기

• casarse con + 명사   ~와 결혼하다

Diana va a *casarse con* su novio el próximo año.
디아나는 내년에 남자친구와 결혼할 것이다.

Mi hijo va a *casarse con* la hija de un actor famoso.
내 아들은 유명 배우의 딸과 결혼할 것이다.

Por fin voy a *casarme con* el amor de mi vida.
마침내 나는 내가 사랑하는 사람과 결혼할 것이다.

• por la mañana   아침에

El bus escolar recoge a mis hijos *por la mañana*.
학교 버스는 아침에 내 아이들을 태운다.

Por la mañana el clima es mucho más fresco.
아침 날씨는 훨씬 더 상쾌하다.

Mis mascotas siempre salen *por la mañana* a correr en el parque.
내 애완동물들은 공원에서 뛰기 위해 매일 아침 나간다.

• como dice el dicho   ~라는 말이 있듯이

Como dice el dicho, cuando el río suena piedras lleva.
속담에도 있듯이 아니 땐 굴뚝에서 연기 날 리 없다.

Como dice el dicho, quien a buen árbol se arrima, buena sombra lo cobija.
속담에도 있듯이 좋은 나무에 기댄 사람은 좋은 그늘을 얻는 법이다.

Como dice el dicho, perro que ladra no muerde.
속담에도 있듯이 짖는 개는 물지 않는 법이다.

Día 048
Un buen negocio
좋은 협상

F　Primo, ¿qué **llevas** en esa caja?

M　Un reproductor de DVD que acabo de comprar.

F　¿Y **con qué** *lo compraste si tú no tienes dinero?

M　**Vendí** el televisor y usé el dinero que me dieron.

F　사촌, 그 상자에는 뭐가 있어?
M　방금 산 DVD 플레이어가 있어.
F　근데 돈이 없는데 뭐로 샀어?
M　TV 팔고 받은 돈으로 샀어.

기본 단어 확인

primo 사촌　llevar 지니고 있다　caja 상자　reproductor 재생용 기기　acabar de... 막 ~하다　comprar 사다　lo 그것을　tener 갖다　dinero 돈　vender 팔다　televisor 텔레비전　usar 쓰다　dar 주다

TIP 여기서 lo는 reproductor de DVD를 말한다.

핵심 표현 익히기

- **llevar + 명사**   (물건을) 지니다, (의복을) 입고 있다

  El sacerdote *lleva* una túnica negra.
  그 성직자는 검고 긴 옷을 입고 있다.

  La monja *lleva* zapatos cafés.
  그 수녀는 커피색 신을 신고 있다.

  El abogado *lleva* un portafolio lleno de documentos.
  그 변호사는 서류로 가득 찬 서류 가방을 갖고 있다.

- **con qué**   무엇으로, 무엇과

  ¿*Con qué* vas a combinar esa chaqueta rosada?
  그 분홍색 재킷은 뭐랑 맞춰 입을 거야?

  ¿*Con qué* energía vas a correr la maratón?
  무슨 힘으로 마라톤을 뛸 거야?

  ¿*Con qué* dinero vas a pagar la hipoteca?
  무슨 돈으로 그 담보를 지불할 거야?

- **vender + 명사**   ~을 팔다

  Mi socio *vendió* todas sus propiedades.
  내 동료는 그의 모든 재산을 팔았다.

  Vendí todas mis propiedades a personas extranjeras.
  내가 가진 모든 소유지를 외국인들에게 팔았다.

  Ellas *vendieron* la cosecha de maíz a un buen precio.
  그들은 옥수수 수확물을 좋은 값에 팔았다.

Día 049 Casado y con hijos
기혼에 자식까지...

M Oye Mariana, **¿qué ha pasado con** tu novio**?**

F Después de 4 años **por fin** me **habló de** matrimonio.

M Qué bueno, *me alegra mucho. ¿Qué te dijo exactamente?

F Que es casado y tiene dos hijos.

M 이봐 마리아나, 남자친구랑 어떻게 돼 가?
F 4년이 지나서야 드디어 결혼 얘기를 꺼냈어.
M 잘됐네, 정말 기쁘다. 너한테 정확히 뭐라고 했는데?
F 자기는 이미 결혼을 했고 자식이 둘이래.

기본 단어 확인

oye 이봐 novio 남자친구 Después de... ~후에 año 년 por fin 드디어, 마침내 hablar de... ~에 대해 이야기하다 matrimonio 결혼 Qué bueno 참 잘됐다 alegrar 기쁘게 하다 mucho 많이 decir 말하다 exactamente 정확히 casado 결혼한

TIP '그것이 나를 기쁘게 하다'는 다시 말해 '나는 기쁘다'의 의미이다.

🔍 핵심 표현 익히기

• **¿Qué ha pasado con + 명사?**   ~는 어떻게 됐지?

¿Qué ha pasado con los entrenamientos de baloncesto?   농구 훈련은 어떻게 됐어?

¿Alguien sabe *qué ha pasado con* los periódicos que dejé sobre la mesa?
내가 테이블 위에 올려놓은 신문 어떻게 됐는지 아는 사람?

¿Sabes *qué ha pasado* últimamente *con* el profesor de física?   최근에 물리 선생님한테 무슨 일이 있었는지 알아?

• **por fin**   마침내, 드디어

Por fin mi hermana encontró un novio que la quiera y la valore.   마침내 우리 언니는 자신을 사랑해 주고 소중히 여겨 주는 남자친구를 만났어.

Por fin Eduardo reconoció su error.
마침내 에두아르도는 자신의 실수를 인정했다.

Por fin pude terminar este proyecto tan largo de ciencias.   마침내 이 길었던 과학 프로젝트를 끝낼 수 있었다.

• **hablar de + 명사**   ~에 대해 이야기하다

El guía turístico me *habló de* Egipto y su belleza.
그 여행 가이드는 내게 이집트와 그 아름다움에 대해 이야기했다.

Es hora de *hablarle* a los niños *de* la importancia de vivir en paz.   평화롭게 사는 것의 중요성에 대해 아이들에게 이야기할 때야.

Siempre terminamos enojados cuando *hablamos de* política.   우리는 정치 얘기를 할 때마다 결국에는 화가 난다.

Día 050
Robar es algo muy malo
도둑질은 매우 나쁜 짓이다

F　Amado sobrino, *recuerda que robar **es algo muy** malo.

M　Está bien tía, pero ¿por qué es tan malo?

F　¿Sabes en dónde **terminan** los niños que les **roban** dinero **a** sus padres?

M　Sí querida tía; terminan en el cine.

F　사랑하는 조카, 훔치는 것은 매우 나쁜 짓임을 명심하렴.
M　알겠어요, 이모. 근데 그게 왜 그렇게 나빠요?
F　너 부모님 지갑에서 돈 훔치던 애들이 결국 어디에 가는 줄 알아?
M　그럼요, 이모. 다 영화관에 가던데요?

기본 단어 확인

amado(a) 사랑하는　sobrino 조카　recordar 기억하다　robar 훔치다　algo 무엇　malo(a) 나쁜　Está bien 알겠어요　tía 이모　saber 알다　terminar 끝나다, 결국 ~이 되다, 결국 ~을 하다　niños 아이들　dinero 돈　padres 부모　querido(a) 사랑하는　cine 극장

TIP 'que 이하 부분을 기억하라'는 의미의 긍정 명령형이다.

🔍 핵심 표현 익히기

• es algo muy + 형용사 ~는 매우 …한 것이다

Viajar por el mundo *es algo muy* interesante.
세계를 여행하는 일은 매우 흥미로운 것이다.

Compartir con la gente pobre *es algo muy* positivo.
불쌍한 사람을 돕는 것은 매우 좋은 것이다.

Pelear con nuestros familiares *es algo muy* negativo.
가족과 싸우는 것은 매우 부정적인 일이다.

• terminar 결국 ~이 되다, 결국 ~을 하다

Después de correr por toda la casa, mi gato *término* muy cansado. 온 집 안을 뛰어다닌 끝에 우리 고양이는 지쳐 버렸다.

El hombre acusado *terminó* diciendo toda la verdad.
용의자는 결국 모든 진실을 말했다.

Mis mejores amigas comenzaron a ofenderse y *terminaron* peleándose.
내 가장 친한 친구들은 서로 기분을 상하게 하더니 결국엔 싸우고 말았다.

• robar a + 명사 ~에게서 훔치다

A él le gusta *robar a* los transeúntes.
저 사람은 지나가는 사람의 물건을 훔치는 것을 좋아한다.

Tres hombres le *robaron* el celular *a* mi prima.
세 남자는 내 사촌의 핸드폰을 훔쳤다.

El abogado que fue contratado le *robó* todo el dinero *a* mi mamá. 고용되었던 변호사는 우리 엄마의 모든 돈을 훔쳤다.

Día 051~060

Día 051 — Cereal que camina
걷는 시리얼

Día 052 — Quiero ir a vivir a Nueva York
뉴욕에 가서 살고 싶어

Día 053 — ¿Es su primer hijo?
첫 번째 아이인가요?

Día 054 — ¿Por qué no eres romántico?
당신은 왜 로맨틱하지 않아?

Día 055 — Como el rayo del sol
태양빛 같이

Día 056 — Un juego interesante
재미있는 놀이

Día 057 — Debemos mirar primero nuestros errores
우리의 실수를 먼저 되돌아봐야 한다

Día 058 — El mejor remedio para el corazón destrozado
아픈 가슴에 가장 좋은 치료법

Día 059 — Eres una persona muy afortunada
넌 참 운이 좋다

Día 060 — No todo lo que brilla es oro
반짝인다고 해서 모두 금은 아니야

Día 051 — Cereal que camina
걷는 시리얼

F   Te veo un poco nervioso, ¿estás bien?

M   Mamá, ¿el cereal de chocolate **sabe** caminar?

F   No hijo, claro que no. ¿***De dónde** sacas eso?

M   ¡Oh no, entonces creo que **me he comido** una cucaracha!

F   너 좀 긴장되어 보이는데, 괜찮아?
M   엄마, 초콜릿 시리얼이 걸을 줄 알까요?
F   아니 아들, 당연히 아니지. 그런 생각은 어디서 나온 거야?
M   아 안 돼, 그럼 전 바퀴벌레를 먹은 건가 봐요!

기본 단어 확인

verse ~처럼 보이다 un poco 조금 nervioso(a) 긴장한 cereal 시리얼 chocolate 초콜릿 saber 알다 caminar 걷다 Claro que no 당연히 아니지 de dónde 어디에서 sacar 꺼내다, 얻다 entonces 그렇다면 creer que... ~라고 생각하다 comerse 다 먹다 cucaracha 바퀴벌레

TIP '그것을 어디에서 뽑아낸 거니?'는 이 이야기의 문맥상 '그 생각은 어디서 나온 거니?'의 의미가 된다.

• saber + 부정사   ~할 줄 알다

Mi entrenador de fútbol *sabe* patear el balón muy bien.
우리 축구 코치님은 공을 매우 잘 차신다.

Mi compañeros de clase *saben* hablar francés.
우리 반 친구들은 프랑스어를 할 줄 안다.

¿Tu papá *sabe* reparar su propio auto?
네 아빠는 차를 스스로 고칠 줄 알아?

• de dónde   어디에서

¿*De dónde* viene ese mesero? Se ve muy sucio.
저 웨이터는 어디서 오는 거지? 굉장히 지저분해 보여.

La verdad no sé *de dónde* voy a sacar el dinero para pagar la renta.
사실 집세 낼 돈을 어디서 마련해야 할지 모르겠어.

¿*De dónde* es el expositor de esta tarde?
오늘 오후의 강사는 어디에 있지?

• me he comido + 명사   나는 ~을 먹었다

Te has comido todas las provisiones de este mes.
너는 이번 달을 위해 비축된 식량을 다 먹어 버렸어.

Se han comido más de 20 porciones de pizza esta semana.
그들은 이번 주에 20인분 이상 되는 양의 피자를 먹었다.

Me he comido como 10 pasteles el día de hoy.
나는 오늘 10개 정도의 케이크를 먹었다.

Día 052

Quiero ir a vivir a Nueva York
뉴욕에 가서 살고 싶어

F ¿Por qué ***andas** tan pensativo?

M Es que quiero ir a vivir a Nueva York como el año pasado.

F ¿Viviste **el año pasado** en esa ciudad?

M No, pero el año pasado también me quería ir a vivir **allá**.

F 왜 이렇게 깊은 생각에 잠겨 있니?

M 실은 작년처럼 뉴욕에 가서 살고 싶어서 그래.

F 작년에 그 도시에서 살았었니?

M 아니, 하지만 작년에도 뉴욕에서 살고 싶었거든.

기본 단어 확인

andar (~한 상태로) 있다 pensativo (a) 생각에 잠긴 es que 실은 querer ~을 원하다 vivir 살다 Nueva York 뉴욕 como ~처럼 año 년 pasado 지난 ese/esa 그 ciudad 도시 pero 하지만 también 역시, 또한 allá 저곳에, 저리

TIP andar는 원래 '걷다'의 의미이지만, 뒤에 형용사가 붙어 '~한 상태이다'의 의미로도 쓰인다.

핵심 표현 익히기

• andar + 형용사   (~한 상태로) 있다

Últimamente él *anda* muy triste y deprimido.
최근에 그는 매우 슬프고 우울한 상태야.

¿Por qué *andas* preocupado todo el día?
넌 하루 종일 뭘 그렇게 걱정을 하니?

Hoy nuestro cachorro *anda* muy hambriento.
오늘 우리 강아지는 배가 많이 고프다.

• el año pasado   작년

***El año pasado* fue un periodo lleno de logros y triunfos.**
작년은 업적과 성공으로 가득 찬 한 해였다.

Estuvimos viviendo en Australia *el año pasado*.
작년에 우리는 호주에 살고 있었다.

El equipo alemán fue campeón del mundo *el año pasado*.
독일 팀은 작년에 세계 챔피언이었다.

• allá   저리, 저곳에

***Allá* en el pico de esa montaña hace mucho frío.**
저기 저 산꼭대기는 매우 춥다.

Susana quiere ir a la casa de sus abuelos; *allá* la pasa muy bien.
수사나는 할머니, 할아버지 댁에 가고 싶다. 그곳은 그녀에게 즐거운 장소이다.

***Allá* en París hay lugares muy hermosos para conocer.**
저기 파리에는 알아 둘 만한 아름다운 곳들이 있다.

Día 053

¿Es su primer hijo?
첫 번째 아이인가요?

F Señor, aquí tiene a su bebé recién nacido, es un varón.

M Voy a tomarle fotos **hasta que** tenga la memoria llena.

F ¿Por qué le toma tantas fotografías? ¿Es su ***primer** hijo?

M No, yo tengo tres más; pero esta es mi **primera** cámara.

F 이 아이가 방금 태어난 선생님 아기예요. 사내아이예요.
M 메모리 카드가 가득 찰 때까지 이 아이 사진을 찍어 줘야 겠어요.
F 왜 그렇게 사진을 많이 찍나요? 첫 번째 아이인가 봐요?
M 아니요, 애들은 셋이나 더 있어요. 하지만 이 카메라는 제 첫 카메라거든요.

기본 단어 확인

Aquí tiene 여기 있습니다 bebé 갓난아이 recién 최근 nacido(a) 태어난 varón 남성 tomar fotos 사진을 찍다 hasta que... ~할 때까지 tener 갖다 memoria 메모리 카드 llenar 가득 채우다 fotografía 사진 primero(a) 처음의 hijo 아들 este/esta 이것 cámara 카메라

TIP primero 뒤에 남성명사가 오면 primer로 쓴다. (ex. el primer piso 1층)

🔍 핵심 표현 익히기

• hasta que + 접속법　~할 때까지

Ella va a estar feliz *hasta que* llegue su padrastro.
그녀의 계부가 도착하기 전까지 그녀는 행복할 것이다.

Ellos jugarán voleibol *hasta que* comience a llover.
비가 오기 전까지 그들은 배구를 할 것이다.

Comeremos *hasta que* quedemos completamente llenos.　우리는 완전히 배가 부를 때까지 먹을 것이다.

• primer(os) + 남성 명사　첫 번째 ~

Nuestro *primer* objetivo es reducir gastos.
우리의 첫 번째 목표는 씀씀이를 줄이는 것이다.

Es el *primer* hombre que pisó la luna.
그는 달을 밟은 첫 번째 사람이다.

Los *primeros* días de nuestras vacaciones fueron fantásticos.
우리 휴가의 처음 며칠 동안은 너무 즐거웠다.

• primera(s) + 여성 명사　첫 번째 ~

Siempre hay una *primera* vez.
뭐든지 처음이 있는 법이지.

Estos son productos de *primera* calidad.
이것들은 최상급 상품이에요.

Fuimos las *primeras* personas invitadas a la fiesta.
우리는 파티에 초대된 첫 번째 그룹이었다.

□MP3 듣기 ▶ □저자 강의 듣기 ▶ □복습하기

Día 054

¿Por qué no eres romántico?

당신은 왜 로맨틱하지 않아?

F Qué película tan bonita la que estamos viendo, ¿te está gustando?

M Sí mi vida, mucho. **Aunque** prefiero la acción o la comedia.

F **A propósito**, ¿tú por qué no eres romántico como *el de la película?

M Es que a él le pagan muy bien, a mi no.

F 우리가 보고 있는 건 진짜 아름다운 영화야. 재미있게 보고 있어?

M 응 여보. 엄청. 난 액션이나 코미디를 더 좋아함에도 불구하고 말이야.

F 그건 그렇고, 당신은 왜 영화 속 남자처럼 로맨틱하지 않아?

M 그게 나와는 다르게 저 배우는 돈을 엄청 받잖아.

기본 단어 확인

película 영화   bonito(a) 아름다운   lo/la que (누가) ~하는 것   ver 보다   gustar 마음에 들다
mi vida 자기, 여보   aunque ~이지만   preferir ~을 더 좋아하다   acción 액션   comedia 희극
a propósito 그건 그렇고   romántico(a) 로맨틱한   pagar 지불하다

TIP '영화에 나온 그 사람'으로 해석할 수 있다. el de...에서 el은 영어의 the one(그것/그 사람)으로 볼 수 있다. (ex. mi hermano y el de Juan 내 동생과 후안의 동생)

핵심 표현 익히기

- **aunque** ~이지만

Aunque ya estoy lleno quiero comer postre.
나는 이미 배가 부르지만 후식을 먹고 싶다.

Es un carro muy bonito, *aunque* bastante caro.
이것은 비싸긴 하지만 매우 멋진 차이다.

La pasta está sabrosa, *aunque* no es la mejor que he probado.   그 파스타는 내가 먹어 본 것 중 최고는 아니지만 맛있다.

- **a propósito** 그건 그렇고

Roberto está en su oficina; *a propósito*, hoy recibirá un aumento.
로베르또는 사무실에 있어. 그건 그렇고 나는 오늘 월급이 인상될 거야.

Hoy estoy enfermo; *a propósito*, hace un mes también lo estaba.   난 오늘 아파. 그건 그렇고 한 달 전에도 아팠어.

Mi perrito está muy feliz; *a propósito*, hoy debo llevarlo a vacunar.
우리 개는 매우 기분이 좋아. 그건 그렇고 오늘 예방 접종을 해야 돼.

- **el de...** ~의 것, ~의 사람

Iré a cine con mi novio y con *el de* mi hermana.
나는 내 남자친구랑 우리 언니 남자친구랑 같이 영화관에 갈 것이다.

Este es mi saxofón y éste *el de* mi profesor de música.
이것은 내 색소폰이고 이건 우리 음악 선생님 거야.

Ayer pude ver el trabajo de Jorge y *el de* su primo.
어제 호르헤가 한 일과 그의 사촌이 한 일을 볼 수 있었다.

Día 055
Como el rayo del sol
태양빛 같이

F Juan, te noto un poco pensativo. ¿***Está** todo **en orden**?

M Es que mi esposa en la cocina es como el rayo del sol.

F ¿En serio? si la llamas así **debe ser** muy buena cocinando.

M No, **lo digo porque** todo lo que intenta preparar se le quema.

F 후안, 좀 생각이 많아 보인다. 무슨 일 있어?
M 그게 아내가 주방에서 마치 태양빛 같거든.
F 진짜? 네 아내를 그렇게 부른다면 요리 진짜 잘하나 보다.
M 아니야, 내가 그렇게 말한 이유는 시도하는 요리마다 다 타 버리기 때문이야.

기본 단어 확인

notar 눈치채다 un poco 조금 pensativo(a) 생각에 잠긴 estar en orden 잘 정리되어 있다, 괜찮다 esposa 아내 cocina 주방, 부엌 como ~처럼 rayo del sol 햇빛 ¿En serio? 정말? llamar 부르다 así 그렇게 debe ser... 반드시 ~일 것이다 cocinar 요리하다 decir 말하다 todo 모든 것 intentar 시도하다 preparar 준비하다 quemarse 다 타다

TIP en orden은 '잘 정돈된'의 의미도 되고 '제대로 된'의 의미도 된다. ¿Está todo en orden?은 '모든 게 제대로 되어 있니?', 다시 말해 '별일 없니?'의 안부 인사가 된다.

핵심 표현 익히기

- **estar en orden** 잘 정리되어 있다, 괜찮다

Los libros de la biblioteca *están en orden*.
도서관의 책들은 잘 정돈되어 있다.

Ya limpié mi habitación, ahora todo *está en orden*.
나는 내 방을 이미 치웠다. 지금은 모든 것이 잘 정리되어 있다.

Te ves triste el día de hoy, ¿*está* todo *en orden*?
너 오늘 슬퍼 보인다. 모든 게 괜찮니?

- **deber ser...** 분명 ~일 것이다

Este perro *debe ser* excelente cazador.
이 개는 분명 뛰어난 사냥꾼일 거야.

El avión *debe ser* el transporte más seguro que existe.
비행기는 현존하는 가장 안전한 운송 수단일 것이다.

Los cuervos *deben ser* muy inteligentes.
까마귀들은 똑똑한 게 분명해.

- **lo digo porque...** 내가 그렇게 말하는 이유는······

¿Estás bravo? *Lo digo porque* se te ve en la cara.
너 화났니? 그렇게 말하는 이유는 네 얼굴에 다 드러나서야.

Eres buen amigo; *lo digo porque* siempre me ayudas cuando lo necesito.
너는 좋은 친구야. 그 말을 하는 이유는 내가 도움이 필요할 때 도와주기 때문이야.

Mario es un joven muy alto; *lo digo porque* mide 2 metros.
마리오는 키가 큰 젊은이야. 그렇게 말하는 이유는 키가 2미터나 되기 때문이야.

Día 056
Un juego interesante
재미있는 놀이

M **Juguemos** un juego; yo **inicio** una oración y tú *la terminas.

F ¡Me encanta jugar, **comencemos**!

M 'Si alguien dijo que el dinero no compra la felicidad…'

F 'Es porque no sabe a qué tiendas ir a comprar.'

M 우리 게임 하나 하자. 내가 문장을 시작하고 네가 그것을 끝내는 거야.
F 나 게임 좋아해, 시작하자!
M '만약 누군가가 돈으로 행복을 살 수 없다고 말한다면……'
F '그것은 어떤 가게에 가서 쇼핑을 해야 할지 모르기 때문이다.'

기본 단어 확인

jugar (게임,시합을) 하다, 놀다 juego 놀이, 게임 iniciar 시작하다 oración 문장 terminar 끝내다 encantar 기쁘게 하다 comenzar 시작하다 alguien 누군가 decir 말하다 dinero 돈 comprar 사다 felicidad 행복 saber 알다 tienda 가게

TIP '그것을'의 의미를 가진 la는 앞에 나온 oración을 가리킨다.

핵심 표현 익히기

• juguemos a + 명사   우리 ~ 게임(시합) 하자

Juguemos a las escondidas.
우리 숨바꼭질 하자.

Juguemos a que tú corres y yo te persigo.
너는 도망가고 나는 쫓아가는 게임 하자.

Juguemos al ajedrez.
우리 체스 게임 하자.

• iniciar + 명사   ~을 시작하다

Iniciemos un diálogo por la paz del mundo.
우리 세계 평화에 대한 대화를 시작해 보자.

Mi hermano menor siempre *inicia* las peleas.
내 남동생은 항상 싸움을 건다.

Voy a *iniciar* una competencia para mejorar la concentración.
집중력 향상을 위해 시합을 시작할 거야.

• comencemos   우리 시작하자

Comencemos a usar buenos modales.
우리 이제 예의 바르게 행동하자.

Comencemos con un calentamiento antes de trotar.
뛰기 전에 준비 운동을 시작하자.

Comencemos a orar para que la situación mejore.
상황이 좋아지도록 기도를 시작하자.

Día 057
Debemos mirar primero nuestros errores
우리의 실수를 먼저 되돌아봐야 한다

M   Creo que eres una persona muy egoísta, no me quieres prestar tu auto.

F   Y tú *nunca has compartido **conmigo** nada, por ejemplo tu merienda.

M   Creo que **tienes razón**; debo ser más solidario contigo.

F   **Antes de** mirar la paja en el ojo ajeno debes mirar la viga en el tuyo.

M   넌 정말 이기적인 사람인 것 같아. 네 차도 안 빌려 주려고 하고.
F   그리고 너는 나랑 아무것도 나누지 않잖아. 네 간식 같은 걸 말이야.
M   네 말이 맞다. 내가 너를 좀 더 배려해야겠어.
F   남의 눈에 있는 티를 보기 전에 네 눈에 있는 들보를 먼저 봐.

기본 단어 확인

creer que... ~라고 생각하다   prestar 빌려 주다   compartir 나누다   nada 아무것도   merienda 간식   tener razón 일리가 있다   solidario(a) 도와주는, 배려하는   contigo 네게, 너와 함께   paja 짚   ojo 눈   ajeno(a) 타인의   viga 들보

TIP nunca has hecho nada의 구조는 영어의 you've never done something과 같이 '너는 무엇을 한 번도 해 본 적이 없다'를 표현할 때 쓰이는 구조이다.

🔍 핵심 표현 익히기

• conmigo   나에게, 나와 함께

Mis amigos de la empresa son muy solidarios *conmigo*.
내 회사 친구들은 나를 매우 지지한다.

Mi esposa es muy amorosa y comprensiva *conmigo*.
내 아내는 내게 애정이 많고 이해심이 많다.

Mis mascotas nunca han sido agresivas *conmigo*.
내 애완동물들은 내게 공격적인 적이 없다.

• tener razón   일리가 있다

A Jason siempre le gusta *tener* la *razón*.
제이슨은 일리 있는 것을 좋아한다.

Mi mamá siempre *tiene* la *razón*.
우리 엄마는 항상 맞는 말씀만 하신다.

Mi abuelo *tiene razón* en los consejos que me da.
우리 할아버지께서 내게 주시는 조언은 일리가 있다.

• antes de + 부정사   ~하기 전에

Antes de salir a trotar mira si va a llover.
뛰러 나가기 전에 비가 올지 봐라.

Me bañé *antes de* ir a trabajar.
출근하기 전에 나는 샤워를 했다.

Antes de meterte a la piscina debes calentar un poco.
수영장에 들어가기 전에 몸을 풀어 줘야 한다.

Día 058
El mejor remedio para el corazón destrozado
아픈 가슴에 가장 좋은 치료법

F   ¿Cuál es el mejor remedio para alguien que tiene el corazón roto?

M   Creo que taparse los ojos **es la mejor** medicina.

F   **Pensé que** era **desahogarse** con un amigo, ¿por qué lo dices?

M   Porque *ojos que no ven, corazón que no siente.

F   마음이 찢어질 듯이 아픈 사람에게 가장 좋은 치료법은 뭘까?
M   눈을 가리는 게 가장 좋은 약 같은데?
F   나는 친구에게 속내를 털어놓는 거라 생각했는데, 왜 그렇게 말해?
M   왜냐하면 눈에서 멀어지면 마음에서도 멀어지잖아.

기본 단어 확인

cuál 무엇 mejor 더 좋은 remedio 치료법 para ~를 위해 alguien 어떤 사람 tener 갖다 corazón 심장, 마음 roto(a) 부서진, 찢어진 tapar 가리다 medicina 약 pensar 생각하다 desahogarse 속내를 털어놓다 amigo(a) 친구 decir 말하다 ojo 눈 ver 보다 sentir 느끼다

TIP '눈에서 멀어지면 마음에서도 멀어진다'라는 의미의 속담이다.

핵심 표현 익히기

- **es el[la] mejor + 명사** 가장 좋은 ~이다

Abraham Lincoln *es el mejor* **presidente que ha tenido los Estados Unidos.**
에이브러햄 링컨은 미국이 가졌던 가장 좋은 대통령이다.

Martina *es la mejor* **estudiante de su salón.**
마르띠나는 반에서 제일 뛰어난 학생이다.

La Internet *es la mejor* **fuente de información hoy en día.**
인터넷은 요즘 세상에서 가장 뛰어난 정보의 원천이다.

- **pensar que** ~라고 생각하다

Mis abuelos *pensaron que* **yo sería ingeniero como ellos.** 우리 할아버지, 할머니는 그들처럼 내가 엔지니어가 될 거라 생각하셨다.

Yo *pienso que* **la buena educación comienza en casa.**
나는 좋은 교육은 집에서 시작된다고 생각한다.

Los biólogos *piensan que* **todavía hay muchas especies de animales y plantas por descubrir.**
그 생물학자들은 아직도 발견해야 할 많은 동식물이 있다고 생각한다.

- **desahogarse** 억누르고 있는 감정을 덜다, 속내를 털어놓다

Me desahogo **escribiendo poemas.**
나는 시를 쓰며 억누르던 감정을 덜어낸다.

Me desahogué **diciéndole todo lo que pensaba.**
그(녀)에게 생각하고 있던 모든 것을 말하면서 내 속내를 털어놨다.

Tras la pelea con mis padres, llamé a mi mejor amiga para *desahogarme*.
부모님과 말다툼 후 제일 친한 친구에게 전화를 걸어 감정을 덜어냈다.

Día 059

Eres una persona muy afortunada
넌 참 운이 좋다

F **Tú eres una persona muy** afortunada; hablas dos idiomas.

M Pero mi español no es perfecto; mi coreano sí lo es.

F Deberías **aprender** un tercer idioma. ¿***Qué tal** francés o alemán**?**

M Excelente idea, me voy a tomar lecciones de francés ahora mismo.

F 넌 참 운이 좋다. 언어를 두 개나 할 수 있으니 말이야.
M 하지만 내 스페인어는 그리 완벽하지 않아. 내 한국어는 완벽하지만.
F 제3의 외국어를 배워 봐. 프랑스어나 독일어는 어때?
M 그거 좋은 생각이다. 지금 당장 프랑스어 수업을 들어야겠어.

기본 단어 확인

persona 사람   afortunado(a) 운이 좋은, 행복한   hablar 말하다   idioma 언어   pero 하지만
español 스페인어   perfecto(a) 완벽한   coreano 한국어   sí lo es 그건 그렇다   deber ~해야
한다   aprender 배우다   tercer 세 번째의   francés 프랑스어   alemán 독일어   Excelente
idea 좋은 생각이다   tomar (수업 등을) 받다   lección 수업   ahora mismo 지금 당장

TIP '어떻게 지내니?'의 뜻도 있지만 '~하는 것은 어때?'의 의미로도 쓰인다.

핵심 표현 익히기

• tú eres una persona muy + 형용사
너는 매우 ~한 사람이다

Tú eres una persona muy intuitiva.
너는 매우 직관적인 사람이야.

Tú eres una persona muy cariñosa.
너는 매우 마음씨가 고운 사람이다.

Tú eres una persona muy inteligente.
너는 매우 똑똑한 사람이다.

• aprender + 명사 ~을 배우다

Quiero *aprender* mandarín.
난 중국어를 배우고 싶어.

Natalia quiere *aprender* a nadar.
나딸리아는 수영을 배우고 싶어 한다.

Mis hijos quieren *aprender* a jugar tenis.
우리 아이들은 테니스를 배우고 싶어 한다.

• ¿Qué tal...? ~하는 건 어때?

¿*Qué tal* si nos tomamos un café?
우리 차 마시는 건 어때?

¿*Qué tal* si te invito a ver una película?
내가 영화표 쏠 테니까 같이 보는 거 어때?

¿*Qué tal* si nos quedamos descansando en la casa?
우리 집에서 가만히 쉬는 건 어떨까?

Día 060
No todo lo que brilla es oro
반짝인다고 해서 모두 금은 아니야

F　Camilo, mira el collar que me regaló mi esposo; **dice que es de** oro.

M　Está hermoso, pero no es un metal precioso; es falso.

F　**No puede ser** cierto. ¡Mi esposo me dio una baratija!

M　Créelo, *no todo lo que brilla es oro.

F　까밀로, 우리 남편이 선물해 준 목걸이를 봐. 이거 금이래.
M　진짜 예쁘다. 하지만 그건 귀금속이 아니고 가짜야.
F　말도 안 돼. 남편이 내게 싸구려를 주다니!
M　이 말 잘 들어. 반짝인다고 해서 모두 금은 아니야.

기본 단어 확인

mirar 보다　collar 목걸이　regalar 선물하다　esposo 남편　dice que... 그(녀)가 ~라고 말하다　de ~로 만든　oro 금　hermoso(a) 아름다운　metal 금속　precioso(a) 귀중한　falso(a) 모조의　No puede ser cierto 말도 안 돼　dar 주다　baratija 싸구려　todo 모두　brillar 빛나다

TIP 무언가의 겉모습만 보고 판단해서는 안 된다는 의미의 격언이다.

🔵 핵심 표현 익히기

• dice que 그(녀)가 ~라고 말하다
dicen que 그들이 ~라고 말하다

Mi abuelita siempre *dice que* el desayuno es la comida más importante del día.
우리 할머니는 늘 아침식사가 가장 중요한 식사라고 말씀하신다.

Mis mejores amigas *dicen que* yo soy una persona malgeniada. 내 친한 친구들은 내가 화를 잘 낸다고 말한다.

Mis nietos *dicen que* yo soy el mejor abuelo del mundo.
우리 손주들은 내가 세상에서 가장 좋은 할아버지라고 말한다.

• es de / son de + 명사 ~로 만들어졌다

Este anillo *es de* platino y tiene un diamante.
이 반지는 백금으로 만들어졌고 다이아가 박혀 있다.

El caballo que le regalé a mi hijo en su cumpleaños *es de* madera. 내가 아들에게 생일 때 선물로 준 말은 나무로 만들어졌다.

Los cables para conexiones eléctricas *son de* cobre.
전기선들은 구리로 만들어졌다.

• no puede ser + 형용사/명사 ~일 리가 없다

¡*No puede ser* verdad; perdí mi cartera en el metro!
그건 사실일 리 없어! 나는 지갑을 지하철에서 잃어버렸다고!

Este problema *no puede ser* real; tengo que estar soñando. 이 문제는 진짜일 리 없어. 내가 꿈을 꾸는 것임이 분명해.

Me dijeron que mi hija está embarazada, pero eso *no puede ser* cierto. 그들은 내 딸이 임신했다고 말했지만 그건 사실일 리 없다.

Día 061~070

Día 061	A caballo regalado, no le mires el diente	받은 선물의 값을 따지지 마라
Día 062	La delicia de las frutas	과일 먹는 즐거움
Día 063	Solo una botella de agua	물 한 병
Día 064	Algo se está quemando	뭔가 타고 있어
Día 065	Los jefes son como las nubes	보스는 구름과 같다
Día 066	¿Hay algún policía?	경찰 있어요?
Día 067	Demasiada televisión	과도한 TV 시청
Día 068	Hora del baño	목욕할 시간
Día 069	Las tareas de la casa	집안일
Día 070	Hay que ser detallista	우리는 세심해져야 해

Día 061
A caballo regalado, no le mires el diente
받은 선물의 값을 따지지 마라

M Mi padre **me dio** un auto **en mi cumpleaños**, pero no me gustó.

F ¿Y por qué no te gustó, si un carro es un excelente regalo?

M Es que está viejo y la marca no es muy fina **que digamos**.

F Debes saber algo: *a caballo regalado, no le mires el diente.

M 우리 아버지가 내 생일날 내게 차를 선물해 주셨는데, 맘에 안 들어.
F 자동차는 좋은 선물인데 왜 네 맘에 안 드니?
M 실은 차가 오래됐고 브랜드도 그리 좋지는 않거든.
F 네가 알아야 할 게 있어. 선물 받은 말의 이빨은 보는 게 아니야.

기본 단어 확인

dar 주다 auto 차 cumpleaños 생일 gustar ~의 마음에 들다 carro 차 excelente 훌륭한 regalo 선물 viejo(a) 낡은 marca 상표, 브랜드 fino(a) 질이 좋은 que digamos 말하자면 deber ~해야한다 saber 알다 algo 어떤것 caballo 말 regalado 선물 받은 diente 이

TIP 말의 이빨을 보고 말의 좋고 나쁨을 알 수 있다. 선물 받은 물건은 좋은 마음으로 받고 그 좋고 나쁨을 따지지 말라는 격언이다.

핵심 표현 익히기

- **간접 목적격 대명사 + dar**   ~에게 주다

Mi tío *le dio* a su novia un anillo de compromiso.
우리 삼촌은 그의 여자친구에게 약혼반지를 주었다.

Alfonso *te dio* una bufanda, ¿no es así?
알폰소는 네게 목도리를 주었어, 그렇지 않니?

A mis gatos ya *les dieron* agua y comida el día de hoy.
그들은 이미 내 고양이한테 물과 음식을 주었다.

- **en mi cumpleaños**   내 생일에

Mis padres me compraron un gran ponqué *en mi cumpleaños*.
우리 부모님은 내 생일에 거대한 케이크를 하나 사 주셨다.

Creo que podré ir a cine con mis amigos *en mi cumpleaños*.
내 생일날 친구들이랑 극장에 갈 수 있을 것 같아.

El año pasado estuve fuera del país *en mi cumpleaños*.
작년 내 생일 때 외국에 있었어.

- **que digamos**   말하자면

Tu novia no es muy linda *que digamos*.
네 여자친구는 말하자면 그리 예쁘지는 않아.

El perro del vecino no es muy bravo *que digamos*.
이웃집 개는 말하자면 그리 용감하진 않아.

Steven jugando futbol no es tan bueno *que digamos*.
축구를 하고 있는 스티븐은 말하자면 그리 잘하진 않아.

Día 062
La delicia de las frutas
과일 먹는 즐거움

F Oye Sebastián, ¿*qué haces subido **en** ese árbol?

M Me estoy comiendo unas jugosas peras.

F ¡Pero si ese es un **árbol de** manzanas!

M **Mira**, yo me compro un kilo de peras y me las como donde yo quiera.

F 이봐 세바스띠안, 그 나무에 올라가 뭐 하는 거야?
M 과즙이 풍부한 배를 먹고 있어.
F 하지만 그건 사과나무잖아!
M 봐 봐, 난 배 1킬로를 샀고 그걸 내가 먹고 싶은 곳에서 먹는 것뿐이야.

기본 단어 확인

oye 이봐　hacer 하다　subir 올라가다　árbol 나무　comer 먹다　jugoso(a) 즙이 많은
pera 배　manzana 사과　mirar 보다　compara 사다　kilo 킬로그램　comer 먹다　donde ~에서

TIP '올라간 상태로 뭐 하는 거야?'의 의미로 que haces 뒤에 형용사인 subido를 붙여 주었다.

🔍 핵심 표현 익히기

• en ~안에, ~위에, ~에서

Mi gato está *en* el techo y no quiere bajar.
우리 고양이는 지붕 위에서 내려올 생각을 하지 않는다.

¿Qué hace mi abuelo *en* la mesa del comedor?
우리 할아버지는 식탁에서 뭐 하셔?

Pásame el libro que está *en* la silla por favor.
의자 위에 있는 책 좀 건네줄래?

• árbol de + 명사 ~나무

Quiero comer frutas; allí hay *árboles de* mango.
과일이 먹고 싶다. 저기에 망고 나무가 있어.

Mira ese lindo pájaro en el *árbol de* limones.
레몬 나무 위에 있는 예쁜 새 좀 봐 봐.

Hace tiempo no veo un *árbol de* aguacates.
아보카도 나무를 못 본 지 좀 됐어.

• mira 봐 봐, 들어 봐

***Mira* hijo, esos no son buenos amigos.**
아들. 들어 봐. 쟤네들은 좋은 친구들이 아니야.

***Mira* Camilo, déjame en paz ahora.**
이봐 까밀로, 날 좀 내버려 둬.

***Mire* profesor, ese tema está demasiado difícil.**
교수님. 제 말 좀 들어 보세요. 그 주제는 너무 어려워요.

Día 063
Solo una botella de agua
물 한 병

F Señor González, ¿qué es lo que está escondiendo **debajo de** la mesa?

M ¿Yo? Nada jefe, **es solo** una botella de agua.

F ¿Agua? Esto es alcohol. Usted sabe que **está prohibido** beber en el trabajo.

M *No se preocupe, jefe; yo no estoy trabajando.

F 곤잘레스 씨, 책상 밑에 숨기고 있는 게 뭐죠?
M 저요? 아무것도 아니에요, 부장님. 물 한 병일 뿐이에요.
F 물이요? 이건 술이에요. 당신은 일할 때 음주가 금지된 걸 알고 있잖아요.
M 걱정 마세요, 부장님. 전 일을 안 하고 있거든요.

기본 단어 확인

señor ~씨   ¿Qué es...? ~은 무엇이에요?   lo que... (누가) ~하는 것   esconder 숨기다
debajo de... ~ 아래에   mesa 책상   nada 아무것도 (아니다)   jefe 상사   botella 병   agua
물   esto es... 이것은 ~이다   alcohol 술   saber 알다   prohibido(a) 금지된   beber 마시다
trabajo 직장, 일   preocuparse 걱정하다

TIP 비격식적으로 no te preocupes라고 할 수도 있다.

🔍 핵심 표현 익히기

• debajo de + 명사   ~의 아래에

Mira las llaves del carro *debajo de* la cama.
침대 밑에 있는 차 키를 좀 봐 봐.

El balón está *debajo de* la silla.
그 공은 의자 밑에 있다.

Hay un ratón *debajo de* la estufa.
난로 밑에 쥐가 한 마리 있다.

• es solo + 명사   이건 단지 ~일 뿐이다

Esto *es solo* un radio viejo.
이건 그냥 오래된 라디오일 뿐이야.

Es solo un centavo.
이건 단지 1센트일 뿐이야.

No te preocupes; *es solo* una sábana blanca.
걱정 마. 이건 그냥 흰 천일 뿐이야.

• está prohibido + 부정사 (+명사)   ~하는 것이 금지되어 있다

En esta empresa *está prohibido* fumar.
이 회사에서 흡연은 금지되어 있다.

En mi casa *está prohibido* llegar tarde.
우리 집에서 늦게 오는 건 금지되어 있다.

En la ciudad *está prohibido* hacer grafitis.
그 도시에서 그라피티는 금지되어 있다.

Día 064
Algo se está quemando
뭔가 타고 있어

F Hay un **olor a** humo; creo que algo *se está quemando.

M Debe ser algo que dejaste en la estufa.

F Es verdad, cariño. ¡Levántate que la casa *se está incendiando!

M Ok, pero quiero dormir **otro rato mientras que** los bomberos llegan.

F 연기 냄새가 나. 뭔가 타고 있는 것 같아.
M 당신이 스토브 위에 올려놓은 것 때문인 게 분명해.
F 맞아, 자기야. 집이 타고 있으니 얼른 일어나!
M 알았어, 하지만 소방대가 올 때까지 조금만 더 잘게.

기본 단어 확인

hay 있다 olor 냄새 humo 연기 algo 무엇인가 quemarse 타다 dejar 놓다, 남기다 estufa 스토브 verdad 진실 cariño 여보 levantarse 일어나다 casa 집 incendiarse 불이 나다, 타다 dormir 자다 otro(a) 다른 rato 잠깐 mientras ~하는 동안 bombero(a) 소방사 llegar 도착하다

TIP quemar(태우다)와 incendiar(불을 지르다)는 타동사이지만, 여기에 se를 붙여서 자동사 quemarse(타다)와 incendiarse(불이 나다)로 만들어 주었다.

 핵심 표현 익히기

- **olor a + 명사** ~ 냄새

Siento un *olor a* perfume de mujer.
여자 향수 냄새가 나.

El gato tiene un *olor a* pescado.
그 고양이는 생선 냄새를 풍겨.

Hay un fuerte *olor a* gasolina.
강한 기름 냄새가 나.

- **otro rato** 잠시

Quédate *otro rato* y vemos una serie de televisión.
잠깐 얌전히 있어. 우리 TV 시리즈 하나 보자.

Voy a hacer ejercicio *otro rato*; aún tengo energía.
나 운동 좀 더 할 거야. 아직 힘이 있어.

Vamos a estudiar para el examen *otro rato*.
우리는 시험공부를 좀 더 할 거야.

- **mientras que...** (누가) ~하는 동안

Veré televisión *mientras que* mamá prepara la cena.
나는 엄마가 저녁 준비하시는 동안 TV를 볼 거야.

Voy a oír música *mientras que* mi papá conduce el auto.
아빠가 차를 운전하시는 동안 나는 음악을 들을 거야.

Ella quiere nadar en la piscina *mientras que* yo leo el periódico.
그녀는 내가 신문을 보는 동안 수영장에서 수영을 하고 싶어 한다.

Día 065
Los jefes son como las nubes
보스는 구름과 같다

F Te veo muy pensativo, ¿qué está pasando **por tu mente**?

M Estaba pensando que los jefes son como las nubes.

F La verdad, no veo la semejanza. ¿Por qué crees eso?

M Porque cuando ellos ***se van**, el día se arregla **por completo**.

F 너 생각이 많아 보이는데, 속으로 무슨 생각 하고 있어?
M 상사들은 구름 같다는 생각을 하고 있었어.
F 실은, 난 비슷한 점을 찾지 못하겠어. 왜 그렇게 생각해?
M 왜냐하면 그들이 떠나면 그날은 완전 행복해지거든.

기본 단어 확인

verse ~처럼 보이다   pensativo(a) 생각에 잠긴, 골몰한   pasar 일어나다   mente 마음
pensar 생각하다   jefe 상사   como ~처럼   nube 구름   verdad 진실   semejanza 닮은 점
irse 가다, 떠나다   arreglar 정돈하다, 고치다, 해결되다   por completo 완전히

TIP ir와 irse는 비슷해 보이지만 다른 의미를 갖는다. ir는 '가다'의 의미이고 irse는 '가 버리다', '떠나다'의 의미이다.

• por tu mente 머릿속으로

Es sólo maldad lo que pasa *por tu mente*.
그것은 네 머릿속에 떠오른 나쁜 생각일 뿐이야.

No sé bien lo que ha pasado hoy *por tu mente*.
오늘 네 머릿속에 무슨 일이 일어났는지 잘 모르겠어.

¿Viste a Diana? Creo que hay mucha felicidad pasando *por su mente*.
디아나 봤어? 내 생각에 그녀 머릿속에는 행복이 가득한 것 같아.

• irse 가다, 떠나다

Mis padres *se* van a *ir* para otro país.
우리 부모님은 다른 나라로 떠나실 것이다.

El fin de semana que viene *me voy* para la casa de mis abuelos.
오는 주말 나는 할아버지 댁에 갈 것이다.

Cuando mi mamá *se vaya* podré salir a jugar.
엄마가 나가시면 난 놀러 갈 수 있을 거야.

• por completo 완전히

Se me olvidó *por completo* hacer la tarea de geografía.
나 지리 숙제 하는 걸 완전히 잊어버렸어.

Mis hijos se ensuciaron la ropa *por completo*.
내 자식들은 그들의 옷을 완전히 더럽혔다.

Mi esposa se entristeció *por completo* cuando perdió su trabajo. 내 아내는 직장을 잃고는 깊은 슬픔에 잠겼다.

Día 066

¿Hay algún policía?
경찰 있어요?

F **Lo veo como** un poco intranquilo y nervioso, ¿busca a alguien?

M ¿Señora, ha visto usted a *algún policía **dando vueltas por aquí**?

F No señor, he visto algunas personas pero *ningún policía.

M Qué bueno, ¡deme su bolso, su collar y su reloj!

F 좀 불안하고 긴장되어 보이는데, 누구 찾으세요?
M 부인, 여기 근처에서 순찰 돌고 있는 경찰을 혹시 보셨는지요?
F 못 봤어요, 몇 사람 지나가는 걸 보긴 했지만 경찰은 없었어요.
M 잘됐네요. 지갑이랑 목걸이, 시계를 내놓으시죠!

기본 단어 확인

un poco 조금　intranquilo(a) 불안한　nervioso(a) 긴장한　buscar 찾다　alguien 어떤 사람　señora 부인, 아주머니　usted 당신　alguno(a) 어떤　dar vueltas 주변을 걷다, 빙빙 돌다　por aquí 이 근처에　alguno(a) 어떤　ninguno(a) 전혀 없다　bolso 지갑　collar 목걸이　reloj 시계

TIP policía는 남자 경찰일 수도 있고 여자 경찰일 수도 있다. 일반적으로는 남성형을 쓰기 때문에 algún이나 ningún과 같은 남성형 형용사를 붙여 주었다.

- **lo veo como...** ~처럼 보이다

Niño, *lo veo como* perdido ¿está bien?
얘야, 길을 잃은 것 같구나. 괜찮니?

Don Carlos, *lo veo como* hambriento ¿quiere almorzar?
까를로스 님, 배고파 보이세요. 점심 드실래요?

Señora María, *la veo como* triste ¿le pasó algo?
마리아 씨, 슬퍼 보이시네요. 무슨 일 있어요?

- **dar vueltas** 주변을 걷다, 돌아다니다

El niño está *dando vueltas* con su papá.
그 소년은 아빠와 주변을 걷고 있다.

A mis amigos y a mí nos gusta *dar vueltas* en el centro comercial.
내 친구들은 쇼핑센터에서 돌아다니는 걸 좋아해.

Hay un águila *dando vueltas* en el cielo.
독수리 한 마리가 하늘을 선회하고 있다.

- **por aquí** 이 근처에

Hace meses que no veo extranjeros *por aquí*.
이 근처에서 외국인을 못 본 지 몇 달이 됐어.

Sé que viven *por aquí*, aunque no sé exactamente dónde.
그들이 여기에 사는 건 아는데 정확히 어디 사는지는 모르겠어.

Por aquí todas las tiendas están cerradas a esta hora.
이 시간에는 이 근처 모든 가게가 닫혀 있어.

Día 067
Demasiada televisión
과도한 TV 시청

F   Estás mirando *demasiada televisión.

M   ¿Y **cuál es** el problema? ¿Estoy haciendo algo malo?

F   Claro, **desperdicias** tu vida. Deberías hacer algo.

M   **Ya sé que** voy a hacer: le voy a subir el volumen a esta película.

F   너 TV 너무 많이 본다.
M   그래서 뭐가 문제예요? 제가 뭐 잘못하고 있어요?
F   그럼, 인생을 낭비하고 있잖아. 뭔가를 해야지.
M   이제 뭘 해야 할지 알겠어요. 이 영화 볼륨을 높여야겠어요.

기본 단어 확인

mirar 보다 demasiado(a) 지나친 televisión 텔레비전 cuál 어떤 것 problema 문제 hacer 만들다, 하다 algo 어떤 것 malo(a) 나쁜 desperdiciar 낭비하다 vida 인생 deber ~해야만 한다 ya 이미, 이제는 saber 알다 subir 올리다 volumen 음량 película 영화

TIP televisión은 여성명사이므로 이를 꾸며 주는 형용사로 demasiado가 아닌 demasiada가 쓰였다.

핵심 표현 익히기

- **¿Cuál es + 명사?** ~은 뭐야?

¿Cuál es la montaña más alta de Corea del Sur?
한국에서 제일 높은 산은 뭐야?

¿Cuál es el libro que vas a leer?
네가 읽으려는 책이 뭐야?

¿Cuáles son los zapatos de tu hermano?
너희 형 신발이 뭐야?

- **desperdiciar + 명사** ~을 낭비하다

Estas *desperdiciando* tus talentos.
너는 네 재능을 낭비하고 있어.

Estoy *desperdiciando* mi tiempo en este lugar.
나는 여기서 내 시간을 낭비하고 있어.

Desperdició la herencia en el casino.
그(녀)는 유산을 카지노에서 탕진했다.

- **ya sé que + 주어 + 동사** ~가 …하는 걸 이제 알겠다

Ya sé que eres mi mejor amiga.
네가 내게 가장 좋은 친구라는 걸 이제 알겠어.

Ya sé que soy una persona de mal genio.
내 성격이 안 좋다는 걸 이제 알았어.

Ya sabemos que tomar agua es muy saludable.
우리는 물 마시는 게 건강에 아주 좋다는 걸 이제 안다.

Día 068
Hora del baño
목욕할 시간

F   Hijo, es hora del baño; ve y *toma una ducha.

M   Mami, pero no estoy sucio.

F   Las personas deben bañarse **todos los días**, **incluso si** no están sucios.

M   ¿Y si solo por hoy uso **un poco de** perfume?

F   아들, 목욕할 시간이야. 가서 얼른 씻어.
M   엄마, 하지만 나 지저분하지 않아요.
F   사람은 매일 목욕해야 해. 더럽지 않더라도 말이야.
M   하지만 딱 오늘만 향수 좀 쓰면 안 될까요?

기본 단어 확인

hora 시간   baño 목욕   ir 가다   ducha 샤워   tomar una ducha 씻다   estar ~한 상태이다   sucio(a) 더러운   persona 사람   deber ~해야만 한다   bañarse 목욕하다   todos los días 매일매일   incluso si 심지어 ~할지라도   si 하지만   solo por hoy 오늘만   usar 사용하다   un poco 조금   perfume 향수

TIP tomar에는 '잡다', '먹다', '타다' 등의 다양한 의미가 있다. 본문에서는 ducha와 함께 쓰여 '씻다'의 의미로 쓰였다.

🔍 핵심 표현 익히기

• todos los días 매일매일

Todos los días me despierto a las 5:30 am.
나는 매일 5시 30분에 일어난다.

Los pájaros cantan junto a mi ventana *todos los días*.
그 새들은 매일 아침 창가에서 노래한다.

Todos los días cojo el metro hacia el trabajo.
나는 매일 지하철을 타고 출근한다.

• incluso si 심지어 ~할지라도

¿Debo madrugar, *incluso si* no tengo que ir al colegio?
학교 안 가도 일찍 일어나야 돼요?

Incluso si no tengo tiempo, debo estudiar francés.
나는 시간이 없지만 프랑스어는 공부해야 해.

Debemos comer verduras, *incluso si* no nos saben bien.
맛이 없더라도 우리는 채소를 먹어야 한다.

• un poco de + 명사 약간의 ~

Dame *un poco de* sal por favor.
소금 조금만 주세요.

Quiero *un poco de* arroz en mi almuerzo.
점심 식사에 밥을 좀 얹어 주세요.

Un poco de limonada sería la mejor opción para la sed.
갈증에는 레모네이드를 좀 마셔 주는 게 좋아요.

Día 069 — Las tareas de la casa

집안일

F **Estoy muy cansada de** hacer los quehaceres todo el día yo sola.

M No te preocupes, **a partir de** ahora voy a ayudarte en las tareas de la casa.

F ¿En serio? Eso es muy considerado de tu parte.

M Sí, voy a levantar los pies **cuando** pases barriendo y trapeando.

F 혼자 하루 종일 집안일 하느라 상당히 피곤하네.
M 걱정 마. 지금부터는 내가 집안일을 도와줄게.
F 진짜야? 정말 사려 깊은 생각이다.
M 그럼, 당신이 쓸고 닦으며 지나갈 때 앞으로는 발을 들어 줄게.

기본 단어 확인

cansado(a) 피곤한   quehaceres 집안일   todo el día 하루 종일   solo(a) 혼자의
preocuparse 걱정하다   a partir de ahora 지금부터   ayudar 돕다   tarea 일   eso 그것
considerado 사려 깊은   levantar ~을 올리다   pie 발   barrer 쓸다   trapear 닦다

TIP cuando 뒤에 접속법을 붙여서 '~할 때'의 의미로 만들어 준다. 이 구조는 아직 일어나지 않은 일에 대해 가정하는 용도로 쓴다.

핵심 표현 익히기

- **estoy cansado(a) de + 부정사 (+명사)**
  난 ~하는 것 때문에 피곤하다

  Estoy cansado de hacer fila en este banco.
  난 이 은행에서 줄 서는 것 때문에 피곤해.

  Estoy muy *cansada de* hacer tareas para el colegio.
  난 학교 숙제 때문에 매우 피곤해.

  Estoy cansada de hacer planes con mi marido.
  난 내 남편이랑 계획 세우는 것 때문에 피곤해.

- **a partir de...** ~부터

  A partir de ahora me voy a portar muy bien en el colegio. 지금부터 나는 학교에서 모범적인 생활을 할 거야.

  A partir de ahora mis finanzas mejorarán significativamente.
  지금부터 내 재정은 눈에 띄게 좋아질 것이다.

  A partir de hoy dejaré de comer galletas.
  오늘부터 과자는 그만 먹을래.

- **cuando + 접속법** ~할 때

  Cuando estés triste no olvides pedirle a Dios.
  네가 슬플 때는 신께 기도하는 것을 잊지 마.

  Creo que *cuando* crezca, querré ser un niño de nuevo.
  내가 자라면 다시 어린이가 되고 싶을 것 같아.

  Cuando el sol salga me sentiré muy satisfecho.
  해가 뜨면 기분이 좋아질 것 같아.

Día 070
Hay que ser detallista
우리는 세심해져야 해

F ***Me da** mucha tristeza que tú no seas un hombre detallista conmigo.

M Pero tú sabes que yo te amo a mi manera, ¿por qué lo dices?

F Por ejemplo, a ti **nunca** se te ha ocurrido regalarme flores.

M **¿Para qué** voy a darte flores si todavía estás viva?

F 당신이 내게 세심한 사람이 아니라서 참 슬퍼.
M 하지만 나만의 방식으로 당신을 사랑하는 걸 알잖아, 왜 그러는데?
F 예를 들면 당신은 나한테 꽃을 줘야겠다는 생각을 하지 못하잖아.
M 당신이 아직 잘 살아 있는데 뭐 때문에 꽃을 주겠어?

기본 단어 확인

dar 주다 tristeza 슬픔 hombre 남자 detallista 세심한 conmigo 나와 함께, 나에게 saber 알다 amar 사랑하다 manera 방식 a mi manera 내 방식대로 decir 말하다 por ejemplo 예를 들어 nunca 절대 (~ 않다) ocurrirse 문득 생각나다 regalar 선물하다 flor 꽃 para qué 무엇을 위하여 todavía 여전히 vivo(a) 살아있는

TIP dar는 '(물건 등을) 주다' 외에도 '(기쁨이나 슬픔 등을) 주다'의 의미로 쓰이기도 한다.

🔍 핵심 표현 익히기

• dar + 명사 (기쁨이나 슬픔 등을) 주다

Ayer *me dio* demasiado dolor de cabeza.
어제 두통이 매우 심하게 왔어.

A Antonio *le da* pena hablar en público.
안또니오는 대중에게 이야기하는 것을 부끄러워해.

A las personas *les da* risa cuando ven películas cómicas.   사람들은 코믹 영화를 보면 즐거워한다.

• nunca + 동사   절대 (~ 않는다)

A mi entrenador *nunca* le preocupa mi integridad personal.
우리 코치는 내 신체 상태에 대해 걱정이 전혀 없다.

Yo *nunca* he ido a la muralla china.
나는 중국 만리장성에 가 본 적이 없다.

Mi hijo *nunca* entenderá que no debe comer tanto.
우리 아들은 그렇게 많이 먹으면 안 된다는 걸 이해하지 못할 거야.

• para qué   무엇을 위하여, 뭐 때문에

¿*Para qué* me pediste una bicicleta si no la ibas a utilizar?   쓰지도 않을 거면서 뭐 때문에 나한테 자전거를 빌렸어?

¿*Para qué* quieres tinturar tu cabello? así te ves bien.
뭐 때문에 머리 염색을 하려고 그래? 지금도 보기 좋아.

¿*Para qué* sirven los amigos si no están cuando los necesitas?   필요할 때 곁에 없으면 뭐 때문에 친구가 필요하겠어?

Día 071~080

Día 071 — No hay como la comida fresca
신선한 음식이 최고야

Día 072 — El celular se parece mucho a un refrigerador
냉장고와 같은 휴대폰

Día 073 — ¿Limpiaste tus zapatos?
신발 닦았니?

Día 074 — Un gran inventor
위대한 발명가

Día 075 — En el restaurante
레스토랑에서

Día 076 — Mi billetera se parece a una cebolla
양파 같은 내 지갑

Día 077 — El cinturón de seguridad
안전벨트

Día 078 — Pensando en mi esposa
아내 생각

Día 079 — No hay mejor plan
더 나은 계획은 없다

Día 080 — El peor hotel
최악의 호텔

Día 071

No hay como la comida fresca

신선한 음식이 최고야

M Esto está delicioso. **No hay como** la cena preparada con ingredientes frescos.

F Es verdad, amor; la comida congelada es como un insulto al paladar.

M A propósito, *anoche **mientras** dormías escuché que me estabas insultando.

F ¿Y **quién te dijo que** yo estaba dormida?

M 이거 맛있다. 신선한 재료로 준비된 저녁만 한 게 없어.
F 맞아, 자기야. 냉동 음식은 미각한테 주는 모욕 같아.
M 그건 그렇고, 어젯밤 당신 자면서 나한테 욕하는 걸 들었어.
F 내가 잠자고 있었다고 누가 그래?

기본 단어 확인

esto 이것 delicioso(a) 맛있는 no hay como… ~만 한 것이 없다 cena 저녁 preparado(a) 준비된 ingrediente 재료 fresco(a) 신선한 verdad 사실 comida 음식 congelado(a) 냉동의 insulto 모욕 paladar 미각 a propósito 그건 그렇고 anoche 어젯밤 mientras ~하는 동안 dormir 자다 escuchar 듣다

TIP '어제'는 ayer, '어젯밤에'는 anoche, '그저께'는 anteayer, '그제 밤에'는 anteanoche이다.

핵심 표현 익히기

• **no hay como...** ~만 한 것이 없다

No hay como un buen café colombiano.
질 좋은 콜롬비아 커피만 한 것이 없다.

No hay como tener a papá y a mamá en casa.
아빠, 엄마가 집에 계신 것만큼 좋은 것이 없다.

No hay como trabajar con niños pequeños.
꼬마 아이들을 돌봐 주는 것처럼 좋은 일이 없다.

• **mientras + 동사** ~하는 동안

Ayer, *mientras* cantabas, yo recibí una llamada importante.
어제 네가 노래하는 동안 나는 중요한 전화를 받았어.

Hace una semana, *mientras* viajaba hacia Perú, vi un hermoso cóndor.
일주일 전에 페루를 향해 여행하는 동안 멋진 콘도르 새를 봤어.

El año pasado, *mientras* estudiabas en la universidad, yo trabajaba muy fuerte.
작년에 네가 대학에서 공부하는 동안 난 열심히 일하고 있었어.

• **¿Quién te dijo que...?** ~라고 누가 그래?

¿Quién te dijo que yo estaba de mal genio?
내 성질이 안 좋다고 누가 그래?

¿Quién te dijo que la tierra era plana?
지구가 평평하다고 누가 그러던?

¿Quién te dijo que yo nací en Corea?
내가 한국에서 태어났다고 누가 그래?

Día 072
El celular se parece mucho a un refrigerador
냉장고와 같은 휴대폰

F   ¿Qué opinas **acerca del** teléfono móvil?

M   Estaba pensando que el celular se parece mucho a un refrigerador.

F   ¿Lo dices porque la gente ha perdido la calidez **desde que** lo inventaron?

M   No, lo digo porque ***aun sabiendo** que no hay nada nuevo, lo miramos cada 5 minutos.

F   휴대폰에 대해 어떻게 생각해?
M   휴대폰은 냉장고 같다는 생각을 하고 있었어.
F   그것을 발명한 이래로 사람들이 따뜻함을 잃어서 그렇게 말하는 거야?
M   아니, 별 새로운 게 없는 걸 알면서 5분마다 들여다봐서 그렇게 얘기하는 거야.

기본 단어 확인

opinar (~에 대해) 의견을 가지다   acerca de... ~에 관해서   teléfono móvil 핸드폰   pensar 생각하다   se parece ~을 닮다   refrigerador 냉장고   gente 사람들   perder 잃다   calidez 따뜻함   desde que... ~한 이래로   inventar 발명하다   aun ~하는데도   saber 알다   nada 없음   nuevo 새로운   cada ~마다

TIP   aun 뒤에 saber의 현재분사를 붙여 'que 이하 부분을 알면서도'의 의미로 만들어 주었다.

• acerca de + 명사   ~에 대해서

Ella no sabe nada *acerca de* las Pirámides de Egipto.
그녀는 이집트의 피라미드에 대해 아무것도 모른다.

Quiero que me cuentes algo *acerca de* tu país.
너희 나라에 대해 나한테 말해 주면 좋겠어.

Leí un libro *acerca de* la Guerra de Corea.
나는 한국 전쟁에 대한 책을 읽었어.

• desde que...   누가 ~한 이래로

***Desde que* te marchaste casi no puedo dormir.**
네가 떠난 이후로 잠을 잘 수가 없어.

Mi hijo vive muy triste *desde que* nos mudamos a ese apartamento.
우리 아들은 저 아파트로 이사 간 이후로 슬퍼한다.

***Desde que* soy vegetariano mi salud ha cambiado por completo.**   내가 채식을 하게 된 이래로 건강이 확 달라졌다.

• aun + 현재분사   ~하는데도 불구하고, ~해도

***Aun* estando tan triste nunca hace mala cara.**
슬퍼도 힘든 내색을 하지 마라.

***Aun* comiendo frutas y verduras se enfermó del estómago.**
과일과 야채를 먹음에도 불구하고 그(녀)는 속이 아팠다.

***Aun* tomando mucha agua siempre tengo sed.**
나는 물을 많이 마셔도 항상 목이 말라.

Día 073 ¿Limpiaste tus zapatos?

신발 닦았니?

F   **¿Limpiaste** tus zapatos**?**

M   ¡Claro que sí! **míralos**, están muy limpios.

F   ¿Entonces por qué la alfombra está toda **llena de** lodo?

M   Perdón, creo que usé la alfombra para *limpiarlos.

F   너 신발 닦았어?
M   물론이지! 봐 봐, 깨끗하잖아.
F   그러면 왜 카펫에 진흙이 잔뜩 묻어 있지?
M   미안, 그건 내가 신발을 닦기 위해 카펫을 사용해서일 거야.

기본 단어 확인

limpiar 깨끗하게 하다, 닦다 zapatos 신발 Claro que sí 물론이지 mirar 보다 los 그것들을 limpio(a) 깨끗한 entonces 그렇다면 por qué 왜 alfombra 카펫 todo(a) 완전히, 모두 lleno(a) 가득 찬 lodo 진흙탕 perdón 실례합니다 creo que... (내 생각엔) ~인 것 같아 usar 사용하다

TIP para 뒤에 부정법을 붙여서 '~하기 위해'의 의미로 만들어 주었다.

🔍 핵심 표현 익히기

- **¿Limpiaste + 명사?** ~ 닦았니?

¿Limpiaron la mesa antes de almorzar?
점심 먹기 전에 그들이 식탁을 닦았어?

¿Limpiaste la cocina después de hacer el desayuno?
아침 요리를 하고 주방은 치웠니?

¿Limpió tu hija la pared blanca?
네 딸이 하얀 벽을 청소했어?

- **mirar + 명사** ~을 보다

Mami, *mira* mi cabello; está muy brillante.
엄마, 내 머리 좀 보세요. 윤기가 흘러요.

Miren mi patineta; la compré ayer.
얘들아, 내 스케이트보드 좀 봐. 어제 샀어.

Miremos la ropa de esta tienda; está muy barata.
이 가게 옷들 좀 봐 봐. 가격이 엄청 싸.

- **lleno(a) de + 명사** ~으로 가득 찬

Mi bolsillo está *lleno de* monedas.
내 주머니는 동전으로 가득 찼다.

Mi maleta está *llena de* regalos para mi familia.
내 가방은 가족에게 줄 선물로 가득 찼다.

La biblioteca está *llena de* libros de misterio.
그 서재엔 추리 소설이 잔뜩 있다.

Día 074
Un gran inventor
위대한 발명가

F   ¿A qué te dedicas? ¿Cuál es tu profesión?

M   Yo soy un **gran** inventor; *inventé la rueda, la radio, la penicilina...

F   Eso no es verdad. **¿Cómo puedes ser tan mentiroso?**

M   ¿Si viste? **me la paso** *inventando cosas; todo me lo invento.

F   너는 무슨 일을 하니? 직업이 뭐야?
M   나는 위대한 발명가야. 바퀴랑 라디오, 페니실린을 발명했지.
F   그건 사실이 아니야. 어쩜 그렇게 거짓말을 잘하니?
M   봤지? 나는 거짓말을 하면서 시간을 보내. 모두 내가 다 지어낸 거야.

기본 단어 확인

dedicarse ~에 종사하다   cuál 무엇   profesión 직업   grande 큰   inventor 발명가   inventar 발명하다, 만들어내다, 날조하다   rueda 바퀴   penicilina 페니실린   verdad 사실   mentiroso(a) 거짓말을 잘하는   ver 보다   Me la paso... 나는 ~하며 시간을 보낸다   cosa 것

TIP inventar에는 '발명하다' 외에도 '(거짓을) 날조하다'의 뜻도 있다.

핵심 표현 익히기

- **gran + 명사** 위대한/엄청난 ~

Mi padre es un *gran* médico; ha salvado muchas vidas.
우리 아버지는 대단한 의사야. 많은 생명을 구했지.

Toda la gente sufrió una *gran* decepción.
모든 사람들이 엄청난 사기에 고통을 받았다.

Marcos es un *gran* ser humano; es amado por muchos.
마르코스는 위대한 사람이다. 많은 사람들에 의해 사랑받는다.

- **¿Cómo puedes ser tan...?** 어쩜 그렇게 ~할 수 있니?

¿Cómo puedes ser tan especial conmigo?
너는 나랑 있을 때면 어쩜 그렇게 특별해질 수 있니?

¿Cómo puede tu jefe *ser tan* inconsciente?
네 직장 상사는 어쩜 그렇게 경솔하니?

¿Cómo puede tu perro *ser tan* gordo? debes ponerlo a dieta.
네 개는 어쩜 그렇게 뚱뚱하니? 다이어트 좀 시켜야겠다.

- **me la paso + 현재분사** 난 ~하며 시간을 보낸다

Mi esposa *se la pasa* cocinando todo el día.
내 아내는 하루 종일 요리하며 시간을 보낸다.

El loro *se la pasa* repitiendo palabras.
그 앵무새는 말을 따라 하며 시간을 보낸다.

Mi familia *se la pasa* haciendo fiestas en mi casa.
우리 가족은 집에서 파티를 하며 시간을 보낸다.

Día 075
En el restaurante
레스토랑에서

F **¿Sabes si** este restaurante es limpio?

M *Bueno, las sillas y mesas se ven bien, al igual que los cubiertos.

F Allá viene el mesero; por favor mira que sus manos y uñas estén bien lavadas.

M Ya **deja de** preocuparte por los gérmenes; **mejor** comamos que estoy hambriento.

F 이 식당은 깨끗한 것 같아?
M 음, 의자랑 식탁은 괜찮아 보이고, 식기들도 깨끗해 보이네.
F 저기 종업원이 온다. 손이랑 손톱 잘 씻었는지 좀 봐 봐.
M 자, 세균 걱정은 이제 그만하자. 나 배고프니까 뭘 좀 먹는 게 좋겠어.

기본 단어 확인

saber 알다 si ~인지 아닌지 este 이 restaurante 식당 limpio(a) 깨끗한 silla 의자 mesa 식탁 verse 보이다 bien 좋게 al igual 같게 cubierto 식기 allá 저곳에 venir 오다 mesero(a) (카페나 식당의) 종업원 mirar 보다 mano 손 uña 손톱 lavar 씻다 dejar de... ~하기를 중단하다 preocuparse 걱정하다 germen 세균 mejor 더 좋은 comer 먹다 hambriento 배고픈

TIP bueno는 '좋다'의 의미 외에도 '음', '글쎄'의 의미로도 쓰인다.

핵심 표현 익히기

- **¿Sabes si + 주어 + 동사?** 너 ~가 …인지 알아?

¿Sabes si la mesa es grande?
너 식탁이 큰지 아닌지 알아?

¿Sabes si el libro asignado es interesante?
너 숙제로 읽어야 할 책이 흥미로운 책인지 아닌지 알아?

¿Sabemos si la evaluación de ciencias es difícil?
과학 시험이 어려운지 아닌지 알아?

- **dejar de + 부정사 + 명사** ~하기를 그만두다

Juan, ¡*deja de* correr que te vas a caer!
후안, 그만 뛰어. 그러다 넘어지겠다!

Dejaré de escuchar música rock.
난 이제 더 이상 록 음악을 듣지 않을 거야.

Dejemos de preocuparnos por la clase de matemáticas.
우리 수학 수업에 대해서는 그만 걱정하자.

- **mejor + 명령법 + 명사** ~하는 게 더 좋겠다

Mejor veamos televisión en lugar de discutir tanto.
너무 치열하게 논쟁하는 것보다는 TV 보면서 쉬는 게 좋겠다.

En vez de quedarnos en casa, *mejor* caminemos por el bosque.
집에 있는 것보다는 숲을 걷는 게 좋겠다.

Mejor comamos frutas en lugar de comer dulces.
군것질하는 것보다는 과일 먹는 게 좋겠어.

Día 076
Mi billetera se parece a una cebolla
양파 같은 내 지갑

- F *Últimamente caminas **de aquí para allá** con mucha impaciencia.
- M Sí, **la verdad es que** mi billetera **se parece a** una cebolla.
- F ¿A una cebolla? ¿por qué encuentras esa similitud?
- M Porque cuando la abro me hace llorar.

- F 최근에 초조해하면서 왔다 갔다 하네.
- M 맞아, 사실 내 지갑은 양파 같거든.
- F 양파 같다고? 왜 그런 유사점을 발견한 거야?
- M 왜냐하면 그걸 열면 눈물이 나오니까.

기본 단어 확인

últimamente 최근에, 마침내 caminar 걷다 de aquí para allá 왔다갔다 impaciencia 초조 verdad 사실 billetera 지갑 parecerse ~을 닮다 cebolla 양파 encontrar 발견하다 similitud 유사점 abrir 열다 hacer 만들다 llorar 울다

TIP '마침내', '최후에'의 의미 외에 '최근에'의 의미도 있다.

핵심 표현 익히기

• de aquí para allá 여기저기

Los empleados caminan *de aquí para allá* con mucha preocupación.
그 직원들은 걱정으로 가득 차 여기저기 왔다 갔다 한다.

Hoy he caminado *de aquí para allá* buscando trabajo.
오늘 나는 구직을 위해 여기저기 쏘다녔다.

Hubo un fuerte estruendo y la gente corrió *de aquí para allá*. 엄청난 굉음이 들렸고 사람들은 이곳저곳으로 뛰어다녔다.

• la verdad es que... 사실은 ~이다

La verdad es que yo soy perezoso.
사실 나는 게으르다.

La verdad es que mis amigos son una mala influencia para mi. 사실 내 친구들은 내게 안 좋은 영향을 끼친다.

La verdad es que yo no hice mi tarea porque tenía pereza. 사실 나는 귀찮아서 숙제를 하지 않았다.

• se parece a + 명사 ~을 닮다

Mi gato *se parece a* una aspiradora; recoge todo lo que cae al piso.
내 고양이는 진공청소기 같다. 바닥에 떨어지는 건 다 주워 먹는다.

Mi hermano *se parece a* un delfín en su forma de nadar.
우리 형(오빠/동생)은 수영할 때는 돌고래 같다.

Yo *me parezco a* mi abuelo: somos casi iguales.
나는 우리 할아버지를 닮았다. 우리는 거의 똑같다.

Día 077
El cinturón de seguridad
안전벨트

F   Por favor abróchate el cinturón de seguridad.

M   Mami, es muy incómodo: aprieta tanto *que no puedo respirar.

F   Si no lo usas nos pueden multar, **además** te protege de un accidente.

M   Está bien mamá, **voy a** abrochármelo. Ahora ya **estoy listo** para un accidente.

F   얘야, 안전벨트 좀 매렴.
M   엄마, 이거 불편해요. 너무 조여서 숨을 못 쉬겠어요.
F   그거 안 하면 벌금 물어. 게다가 사고 시에는 널 안전하게 보호해 준다고.
M   알겠어요, 엄마. 안전벨트 할게요. 이제는 사고가 두렵지 않아요.

기본 단어 확인

abrochar (단추 등을) 잠그다   el cinturón de seguridad 안전벨트   incómodo(a) 불편한   apretar 졸라매다   tanto(a) 너무 많이   respirar 숨쉬다   multar 벌금을 물리다   además 게다가   proteger 보호하다   Está bien 알겠어요   ya 이미   estar listo 준비되다   accidente 사고

TIP 앞 문장인 '너무 조인다'와 뒤 문장인 '숨을 쉴 수가 없다'를 que로 연결한 구조이다.

핵심 표현 익히기

- **además** 게다가, 그밖에

Hoy no quiero salir a jugar, *además* está lloviendo.
오늘은 나가서 놀고 싶지 않아. 게다가 비도 오니 말이야.

Además de hambre, también tengo sueño.
나는 배도 고프고 졸려.

¿Sabías que *además* de cantar también puedo bailar?
내가 노래하는 거 외에 춤도 잘 추는 거 알았어?

- **ir a + 동사 + 명사** ~할 것이다

Mis primos *van a* ver una película.
내 사촌 형제들은 영화를 볼 것이다.

Voy a cocinar fríjoles con plátano.
나는 플라타노 바나나와 강낭콩을 요리할 것이다.

Vamos a escuchar música pop.
우리는 팝 음악을 들을 것이다.

- **estar listo** 준비되다

En Japón *están listos* para cualquier terremoto.
일본은 각종 지진에 잘 대비되어 있어.

Estoy listo para la maratón; entrené muy fuerte.
나는 마라톤을 뛸 준비가 됐어. 훈련을 열심히 했거든.

Estamos listos para el examen de física.
우리는 물리 시험을 볼 준비가 되었다.

Día 078
Pensando en mi esposa
아내 생각

F **¿Qué tal te va con** tu mujer**? apuesto a que** estás **pensando en** ella.

M Sí, recordaba que mi esposa y yo somos inseparables.

F Debes decirlo porque siempre *van a todos lados juntos.

M No, es que cuando peleamos se necesitan hasta 8 vecinos para separarnos.

F 아내랑은 어떻게 돼 가? 네가 그녀 생각을 하고 있었던 것 같은데.
M 응, 내 아내랑 나는 서로 떨어질 수 없다는 걸 생각하고 있었어.
F 항상 같이 다니니 그렇게 말하는 거겠지.
M 그게 아니고, 싸움이 붙으면 우리를 떼어놓기 위해 이웃 주민이 8명은 붙어야 하거든.

기본 단어 확인

mujer 여자, 아내   Apuesto a que... 내 생각엔 (~이다)   pensar en... ~에 대해 생각하다
recordar 기억하다, 회상하다   inseparable 나눌수 없는   siempre 항상   lado 장소   juntos(as) 함께   pelear 싸우다   necesitar 필요로 하다   hasta ~까지   vecino 이웃   separar 나누다

TIP 'ir a + 부정사'의 구조는 '~할 것이다'의 의미이지만, 'ir a + 명사'의 구조는 '~에 가다'의 의미이다.

🔍 핵심 표현 익히기

• **¿Qué tal te va con[en]...?** ~은 어떻게 되어 가?

¿Qué tal te va en tu trabajo como guía turístico?
투어 가이드 일은 어떻게 되어 가?

¿Qué tal le va a tu profesor *con* sus nuevas gafas?
너희 선생님은 새로운 안경에 잘 적응하고 계시니?

¿Qué tal les va a los animales salvajes *en* su nuevo hábitat? 그 야생동물은 새로운 환경에서 어떻게 지내?

• **apuesto a que...** 내 생각엔 (~이다)

Apuesto a que anoche te quedaste sin dinero.
내 생각에 너 어젯밤에 돈이 없었을 것 같아.

Apuesto a que no va a venir: siempre está ocupado.
내 생각에 그는 오지 않을 것 같아. 맨날 바쁘거든.

Apostamos a que ese partido de fútbol lo vamos a ganar. 우리 생각에 저 축구 시합은 우리가 이길 것 같아.

• **pensar en + 명사** ~에 대해 생각하다

Jairo disfruta *pensar en* un mejor futuro al lado de sus hijos y su mujer.
하이로는 아내와 자식들과 더 나은 미래를 생각하며 즐거워한다.

En este momento estoy *pensando en* mis vacaciones en Europa.
지금 이 순간 나는 유럽으로의 휴가를 생각하고 있다.

Mi hermana debe estar *pensando en* su hijo menor.
내 여동생은 분명 작은 아들 생각을 하고 있을 것이다.

Día 079
No hay mejor plan
더 나은 계획은 없다

F Por la cara que traes, quieres preguntarme algo, **¿no es así?**

M Mi amor, ¿te **apetece** quedarte en la cama a ver televisión y comer palomitas?

F **Por supuesto**, ¡no puede haber un mejor plan que ese!

M Ok, hasta luego; *me voy con mis amigos a una fiesta que me invitaron.

F 얼굴을 보아 하니 나한테 뭐 물어보고 싶구나, 그렇지?
M 자기야, 침대에 남아서 TV를 보면서 팝콘 먹는 거 좋아해?
F 당연하지. 그것보다 좋은 계획이 없는 것 같아.
M 알았어, 나중에 봐. 나는 친구들이랑 초대받은 파티가 있어서 갈게.

기본 단어 확인

cara 얼굴 traer 가져오다 preguntar 묻다 algo 어떤 것 ¿no es así? 그렇지 않니? apetecer 탐을 내다, 좋아하다 quedarse 머물다 cama 침대 ver 보다 comer 먹다 palomitas 팝콘 por supuesto 물론, 당연히 haber 있다, 존재하다 Hasta luego 나중에 봐 irse 떠나다 fiesta 파티 invitar 초대하다

TIP ir는 '가다'이고 irse는 '떠나다'이다.

핵심 표현 익히기

- **¿No es así?** 그렇지 않니?

Quieres ir a la finca, ¿*no es así*?
너 시골에 가고 싶지, 그렇지 않니?

Esos micos están por extinguirse, ¿*no es así*?
저 긴꼬리원숭이들은 멸종 위기에 처해 있어, 그렇지 않니?

El arroz sabe mejor con ajo y cebolla, ¿*no es así*?
쌀밥은 마늘이랑 양파랑 잘 맞아, 그렇지 않니?

- **간접 목적어 + apetecer + 주어** 좋아하다, 원하다

Ahora mismo me *apetece* un pollo asado con papas fritas.
지금 나는 구운 닭과 감자튀김이 당긴다.

A mi perro le *apetece* una siesta después de haber corrido tanto.
우리 집 개는 뛰어다닌 후 낮잠 자는 걸 좋아한다.

¿Les *apetece* comer pescado frito o cocinado?
여러분은 물고기를 튀긴 걸 먹는 게 좋아요, 아니면 삶은 걸 먹는 게 좋아요?

- **por supuesto** 물론, 당연히

¿Te gustaría comer algo? – ¡*Por supuesto*!
뭐 좀 먹을래? – 물론이지!

Por supuesto que si.
당연히 그렇지.

Por supuesto que no.
당연히 아니지.

Día 080
El peor hotel
최악의 호텔

F **¡Qué** hotel **tan** terrible**!**, ¡es **el peor** en el que hemos estado!

M Es cierto: *la comida fría, las camas duras, muchos mosquitos, demasiado ruido, etc.

F A propósito, ¿por qué nos quedamos aquí?

M Porque el agente de viajes nos dio **un descuento del** 50 por ciento.

F 이 호텔 정말 최악이다! 우리가 머물렀던 곳들 중 가장 안 좋아!
M 맞아. 차가운 음식들, 불편한 침대, 많은 모기들, 시끄러운 소음 등.
F 그런데 말이야, 우리는 왜 여기 머무르는 거야?
M 왜냐하면 여행사 직원이 우리한테 50% 할인을 해 주었거든.

기본 단어 확인

qué 정말, 얼마나   terrible 참기 어려운, 지독한   el peor 최악의   estar (장소에) 있다   cierto(a) 확실한   comida 음식   frío(a) 찬   cama 침대   duro(a) 딱딱한   demasiado(a) 너무 많은   ruido 소음   a propósito 그건 그렇고   quedarse 머물다   agente de viajes 여행사 직원   dar 주다   descuento 할인

TIP 형용사를 명사의 성과 수에 일치시킨다.

핵심 표현 익히기

- **¡Qué + 명사 + tan + 형용사!** ~은 진짜 …하다!

  ¡*Qué* tigre *tan* feroz!
  저 호랑이는 굉장히 포악하구나!

  ¡*Qué* niño *tan* travieso!
  저 아이는 참 장난꾸러기다!

  ¡*Qué* mujer *tan* linda!
  저 여자분은 참 아름다우시다!

- **el peor** 최악의

  Este auto es *el peor* que he tenido.
  이 차는 내가 소유해 본 차 중 최악이다.

  Doña María es *la peor* profesora que he conocido.
  마리아 여사는 내가 아는 선생님 중 최악이다.

  Ellos son *los peores* jugadores de baloncesto.
  그들은 최악의 농구 선수들이다.

- **un descuento del + 숫자** ~ 만큼의 할인

  Compré un par de zapatos y me dieron *un descuento del* 10%.
  신발 한 켤레를 샀더니 10%의 할인을 해 주었다.

  A mis padres les hicieron *un descuento del* 20% en la compra del auto.
  우리 부모님은 차를 사실 때 20%의 할인을 받았다.

  En la tienda de la esquina hay *descuentos del* 30% en todos sus productos.
  모퉁이에 있는 가게에서는 지금 모든 물건을 30% 할인해서 판다.

Día 081~090

Día 081 — La honestidad y otros valores
정직과 다른 가치들

Día 082 — Tu voz me recuerda el mar
네 목소리는 바다 같아

Día 083 — Debo tomar el tren a tiempo
서둘러 기차를 타야 해요

Día 084 — Problemas con la bebida
주류에 관한 문제

Día 085 — Medicina vigorizante
기운 나는 약

Día 086 — La carne no tiene buen sabor
이 고기는 맛이 없어요

Día 087 — Problema a la hora del desayuno
아침 식사 때 생긴 문제

Día 088 — Baile o canto
춤 아니면 노래

Día 089 — Un diez en matemáticas
수학 100점

Día 090 — El mejor trabajo del mundo
최고의 직업

Día 081
La honestidad y otros valores
정직과 다른 가치들

F　Te veo muy entretenido, ¿puedo saber qué estás leyendo?

M　**Estoy leyendo** un libro **titulado** "La Honestidad y Otros Valores".

F　Te felicito, hijo; **me alegra** mucho. ¿Dónde lo compraste?

M　Me lo robé en la *librería que queda pasando la calle.

F　상당히 재미있어 보이네. 뭐 읽고 있는지 알 수 있을까?
M　〈정직과 다른 가치들〉이란 책을 읽고 있어요.
F　축하해, 아들. 엄마는 정말 기쁘구나. 그 책 어디서 샀어?
M　길 건너편에 있는 책방에서 훔쳤어요.

기본 단어 확인

verse ~처럼 보이다　entretenido(a) 즐거운, 재미있는　saber 알다　leer 읽다　libro 책　titulado(a) 제목을 붙인　honestidad 정직, 성실　otro(a) 다른　valor 가치　felicitar 축하하다　alegrar 기쁘게 하다　comprar 사다　robar 훔치다　librería 책방　pasar 건너다　calle 거리

TIP　librería는 '서점'을 의미하고, biblioteca는 '도서관'을 의미한다.

핵심 표현 익히기

• estar + 현재분사 ~하고 있다

Estoy preparando la cena.
나는 저녁을 준비하고 있다.

El león *está* comiéndose la carne que le dieron los cuidadores.   그 사자는 관리인이 주는 고기를 먹고 있다.

Los monos *están* escalando el árbol.
그 원숭이들은 나무를 기어오르고 있다.

• titulado   제목을 붙인

Leímos un poema *titulado* "Una Noche".
우리는 〈어느 날 밤〉이라는 시를 읽었어.

Ayer vimos una película *titulada* "El Resplandor".
어제 〈밝은 빛〉이란 영화를 봤어.

Me encanta una canción *titulada* "Amigos".
나는 〈친구들〉이라는 노래를 좋아해.

• me alegra   (~이) 나를 기쁘게 해

Me alegra tanto que me hayan contratado como profesor.   나는 선생님으로 고용되어 매우 기쁘다.

A mi mamá *le alegra* mucho que yo sea un buen estudiante.
우리 엄마는 내가 열심히 공부하는 학생인 것을 매우 기뻐하신다.

Nos alegra demasiado que nuestro hijo se haya graduado en medicina.
우리 아들이 의대를 졸업한 것이 매우 기쁘다.

Día 082
Tu voz me recuerda el mar
네 목소리는 바다 같아

F Quiero escuchar **de** tus labios algo romántico y poético.

M OK. Cuando tú me hablas me recuerdas un **viaje** en bote **a** mar abierto.

F ¿De verdad?, eso suena bastante poético; eres **todo un** *galán.

M No, no creo que sea poesía; es que cuando me hablas me da mareo.

F 네 입에서 로맨틱하고 시적인 말을 듣고 싶어.
M 알겠어. 네 말을 듣고 있으면 돛단배 타고 탁 트인 바다를 항해하는 것이 연상돼.
F 정말? 그거 참 시적으로 들린다. 넌 완전 멋진 남자야.
M 아니, 시는 아니고, 사실 네가 내게 말할 때 현기증이 나거든.

기본 단어 확인

escuchar 듣다   labio 입술   algo 무언가   romántico(a) 로맨틱한   poético(a) 시적인   recordar 연상시키다   viaje 여행   bote 돛단배   mar 바다   abierto(a) 열린, 탁 트인   ¿De verdad? 진짜?   sonar 들리다   bastante 매우   todo(a) 완전한   galán 여자에게 인기 있는 남자   poesía 시   cuando ~할 때   mareo 멀미

TIP 여자들에게 인기가 있으며 노닥거리기를 좋아하는 남자를 뜻하는 단어이다.

🔍 핵심 표현 익히기

• de ~로부터

Quiero oír *de* tu abuelo la historia sobre la colonización.
식민지에 대한 이야기들을 네 할아버지께 듣고 싶어.

Recibe todos los mejores deseos *de* mi parte.
네가 원하는 바가 다 이루어지길 바랄게.

El brillo *de* tus ojos es inigualable.
네 눈에서 나오는 광채는 남들과 달라.

• viaje a + 장소   ~로의 여행

Queremos hacer un *viaje a* las Bahamas.
우리는 바하마로 여행을 가고 싶다.

El año pasado nos fuimos de *viaje a* Australia.
작년에 우리는 호주로 여행을 갔다.

No hay como un buen *viaje a* tierra caliente.
따뜻한 곳으로의 여행만 한 것이 없다.

• todo(a) un(a) + 명사   완전한 ~

Mi gato es *todo un* experto cazando ratones.
내 고양이는 완전 쥐 사냥 전문가야.

Mi novia es *toda una* reina de belleza.
내 여자친구는 완전 미의 여왕이야.

Eres *toda una* chef, ¡cocinas como los dioses!
너는 요리를 정말 잘하는구나!

Día 083 — Debo tomar el tren a tiempo

서둘러 기차를 타야 해요

M Señora, ¿cree que puedo atravesar sus campos **en lugar de** rodearlos?

F ¿Por qué desea cruzar por mi propiedad? ¿*Lleva mucho afán?

M Sí, es que debo tomar el tren de las 4:20 **de la tarde**.

F Adelante, pero si mi toro lo ve, usted podrá **incluso** tomar el tren de las 4:10.

M 부인, 당신의 밭을 돌아가지 않고 가로질러 갈 수 있을까요?
F 왜 제 땅을 가로질러 가고 싶으신가요? 많이 바쁜가 봐요?
M 네, 사실 제가 오후 4시 20분 기차를 타야 해서요.
F 지나가세요. 근데 만일 제 황소를 만나신다면 4시 10분 기차도 타실 수 있을 거예요.

기본 단어 확인

atravesar 가로지르다 campo 시골, 밭 en lugar de... ~ 대신에 rodear 둘러싸다 cruzar 건너다 propiedad 소유물 llevar 지니다, 가지고 있다, 품다 afán 조급함 tomar (탈것을) 타다 tren 기차 de la tarde 오후 adelantar 앞으로 나아가다 toro 황소 incluso 심지어

TIP llevar는 '(무엇을) 지니다'의 의미로, 뒤에 감정을 나타내는 명사가 쓰이면 '(감정을) 품다'의 의미가 된다. (ex. llevar alegría 기쁨을 불러오다) ¿Tiene mucho afán?으로 쓸 수도 있다.

핵심 표현 익히기

• en lugar de ~대신에

En lugar de dormir deberías estar trabajando.
자는 대신 너는 일하고 있어야 한다.

Voy a estudiar *en lugar de* estar viendo televisión.
나는 TV 보는 대신 공부할 것이다.

¿Por qué no nos echas una mano *en lugar de* quejarte tanto?
계속 불평하는 것 대신 우리를 좀 도와주는 건 어때?

• de la tarde 오후

¿Por que estás llegando a estas horas *de la tarde*?
너 왜 이렇게 늦게 집에 오니?

La carta llegó ayer a la una *de la tarde*.
그 편지는 어제 오후 1시에 도착했다.

Viajaremos a Asia mañana a las cuatro *de la tarde*.
우리는 내일 오후 4시, 아시아로 여행 갈 것이다.

• incluso 심지어

Tienes que limpiar todo, *incluso* donde creas que mamá no va a mirar.
너 구석구석 청소해야 해. 심지어 어머니가 보시지 않을 곳도 말이야.

Ese señor tiene mucho dinero; *incluso* se compró un auto deportivo.   저분은 돈이 많다. 심지어 스포츠카도 샀다.

Mi perro ya está sano; *incluso* está corriendo por todas partes.   우리 개는 이제 건강하다. 심지어 여기저기 뛰어다닌다.

Día 084
Problemas con la bebida
주류에 관한 문제

F   Es *bastante evidente que **atraviesas por** una situación difícil.

M   Sí, es que mi esposa tiene un **problema** muy grave **con** la bebida.

F   ¿En serio? ¿Quiere esto decir que ella es una alcohólica?

M   No, no lo es; pero lamentablemente ella es la **que más** sufre.

F   네가 힘든 상황에 직면한 게 분명해.
M   맞아, 사실 내 아내가 주류와 관련해 무척 심각한 문제가 있거든.
F   정말? 그녀가 주정뱅이라고 말하고 싶은 거야?
M   아니, 그게 아니야. 하지만 슬프게도 고통 받는 건 그녀지.

기본 단어 확인

bastante 상당히   evidente 분명한   atravesar 건너다, 직면하다   situación 상황   esposa 아내   problema 문제   grave 심각한   bebida 음료, 주류   decir 말하다   ella 그녀   alcohólico(a) 주정뱅이   lamentablemente 슬프게도   sufrir 괴로워하다

TIP evidente를 강조하는 의미로 쓰였다.

핵심 표현 익히기

• atravesar por   ~을 건너다, ~을 지나다

Lamentablemente *atravieso por* una crisis económica.
슬프게도 나는 경제적으로 어려운 시기를 통과하고 있다.

Mi hermano *atraviesa por* un momento difícil con el cigarrillo.   내 동생(형)은 담배로 인해 어려운 시간을 보내고 있다.

Ahora mismo *atravesamos por* dificultades en nuestro país.   지금 우리나라는 어려운 시기를 지나고 있다.

• problema con   ~의 문제

Mi hamster tiene un *problema con* la comida que le doy.   내 햄스터는 내가 준 음식을 먹고 탈이 났다.

Mi papá tiene *problemas* graves *con* los juegos de azar.
우리 아버지는 도박성 게임에 관한 문제가 있으시다.

Tony tiene *problemas con* su sentido de orientación.
토니는 방향 감각에 문제가 있다.

• 명사 + que más...   가장 ~한 (무엇)

Juan es el empleado *que más* trabaja.
후안은 일을 가장 많이 하는 직원이다.

El halcón peregrino es el ave *que más* rápido vuela.
송골매는 가장 빨리 나는 새이다.

Mi abuelita es la mujer *que más* temprano se levanta en mi casa.
우리 할머니는 우리 집에서 가장 빨리 일어나는 사람이다.

Medicina vigorizante
기운 나는 약

F   Buenas tardes. Usted tuvo cita médica conmigo **hace poco**, ¿cierto?

M   Sí doctora. ¿**Recuerda** usted la medicina vigorizante que me prescribió?

F   Claro que lo recuerdo, pero no entiendo cuál es el problema.

M   Yo *****quisiera** usarla, **pero** no he podido abrir el frasco.

F   안녕하세요. 얼마 전에 저한테 진료 받으셨죠?
M   네, 선생님. 제게 처방해 주신 기운 나는 약 기억하시나요?
F   당연히 기억하죠. 근데 뭐가 문제인지 모르겠군요.
M   그걸 쓰고 싶은데 통을 열 수가 있어야죠.

기본 단어 확인

tener 갖다 cita 약속 médico(a) 의학의 conmigo 나와 함께 hace poco 조금 전에 doctor(a) 의사 recordar 기억하다 medicina 약 vigorizante 기운 나게 하는 prescribir (약을) 처방하다 entender 이해하다 cuál 무엇 problema 문제 querer 원하다 usar 쓰다 abrir 열다 frasco 작은 병

TIP quisiera에는 '~을 하고 싶었는데 할 수가 없었다'의 어감이 있다.

핵심 표현 익히기

• hace poco 조금 전에

Hace poco vimos una serie de televisión que me cautivó.   조금 전에 맘에 쏙 드는 TV 시리즈물을 봤다.

Mi primo *hace poco* se rompió una pierna saltando en el parque.   우리 사촌은 조금 전에 공원에서 뛰다가 다리가 부러졌다.

Mi jefe *hace poco* cambió su vehículo por uno nuevo.
우리 사장님은 조금 전에 새 차를 구매하셨다.

• recordar + 명사   ~을 기억하다

Recuerdo muy bien el día en que conocí a mi esposa.
나는 내 아내를 처음 알게 된 날을 기억한다.

La enfermera *recuerda* muy bien cómo poner una inyección.   그 간호사는 주사를 어떻게 놓는지 잘 기억하고 있다.

El rector del colegio *recuerda* el día en que yo me gradué.   교장 선생님은 내가 졸업한 날을 기억하신다.

• quisiera + 부정사 (+명사) + pero...
~하고 싶었는데 (할 수 없었다)

Quisiera comenzar con una dieta *pero* necesito fuerza de voluntad.   다이어트를 실행하고 싶지만 의지력이 필요해.

Mis abuelos *quisieran* irse a vivir al campo *pero* no tienen dinero suficiente.
우리 할아버지, 할머니는 시골에 살고 싶어 하셨지만 충분한 돈이 없으셨다.

Todos *quisiéramos* vivir en un planeta limpio, *pero* eso es muy difícil.   우리 모두는 깨끗한 행성에 살고 싶지만 그건 매우 어렵다.

Día 086

La carne no tiene buen sabor

이 고기는 맛이 없어요

- M Mesera, esta carne asada no tiene buen sabor; además **huele** muy mal.
- F ¿Por qué? ¿**Acaso** está quemada o tiene mucha sal?
- M Creo que está podrida y no me *la voy a comer. **Llame al** gerente por favor.
- F Pero señor, es inútil; tampoco creo que él quiera comerla.

- M 웨이터, 이 구운 고기의 맛이 좋지 않네요. 게다가 냄새도 안 좋아요.
- F 왜요? 혹시 탔거나 소금이 너무 많이 뿌려졌나요?
- M 이거 상한 것 같아서 전 안 먹을래요. 지배인 좀 불러 주세요.
- F 하지만 그러실 필요 없어요. 그도 먹고 싶지는 않을 테니까요.

기본 단어 확인

mesero(a) 종업원 carne 고기 asado(a) 구운 sabor 맛 además 게다가 oler 냄새가 나다 acaso 아마, 혹시 quemado(a) 탄 sal 소금 podrido(a) 썩은 comer 먹다 llamer 부르다 gerente 지배인 inútil 쓸모없는 tampoco ~도 아니다

TIP 문맥상 la는 la carne를 의미한다.

🔍 핵심 표현 익히기

- **oler + 형용사**   ~한 냄새가 나다
  oler a + 명사

Ese guisado *huele* muy sabroso.
이 기사도(고기 조각에 감자를 곁들여 끓인 요리) 냄새가 참 좋네요.

El pollo *huele* a quemado.
그 닭은 탄내가 나요.

El pan está *oliendo* a moho.
그 빵은 곰팡이 냄새가 나요.

- **acaso**   아마, 혹시

¿*Acaso* usted no estuvo en la reunión de hoy?
혹시 당신 오늘 모임에 없었나요?

¿*Acaso* no han visto las noticias?
혹시 너희 뉴스 못 봤니?

¿*Acaso* su hijo no toca el piano?
혹시 그(녀)의 아들은 피아노를 못 치니?

- **llamar a + 명사**   ~를 부르다

Quiero que *llame a* la policía por favor.
경찰 좀 불러 주세요.

Llamen a los bomberos; hay un gato en la copa del árbol.   소방관 좀 불러 주세요. 나무 꼭대기에 고양이가 있어요.

Llamaré al gerente si ustedes no solucionan este inconveniente.
당신들이 이 문제를 해결 안 하면 지점장을 부를 거예요.

Día 087
Problema a la hora del desayuno
아침 식사 때 생긴 문제

M Prima, mira que tengo un grave problema *a la hora del desayuno.

F Ya lo sospechaba; en las mañanas te ves muy irritable. ¿Qué pasa?

M **Cada vez que** tomo café siento una fuerte punzada en el ojo.

F Yo te **recomiendo sacar** la cuchara **de** la taza antes de tomarte el café.

M 사촌, 봐 봐. 아침 식사 시간에 큰 문제가 있어.
F 그런 것 같더라. 아침마다 좀 짜증 나 보여. 무슨 일이야?
M 커피를 마실 때마다 눈을 강하게 찔리는 듯한 고통을 느껴.
F 커피를 마시기 전에 잔에 있는 숟가락을 좀 치워 봐.

기본 단어 확인

primo(a) 사촌 mirar 보다 tener 갖다 grave 중대한 problema 문제 desayuno 아침밥 sospechar ~을 의심하다, 추측하다 mañana 아침 verse 보이다 irritable 화를 잘 내는 cada vez que ~할 때마다 tomar 마시다 sentir 느끼다 fuerte 강한 punzada 찌르는 듯한 고통 ojo 눈 recomendar 권고하다 sacar 꺼내다 taza 잔 antes de... ~하기 전

TIP '아침 식사 때'를 의미한다.

 핵심 표현 익히기

• cada vez que... ~할 때마다

Cada vez que pienso en mi gato me pongo a llorar.
나는 내 고양이를 생각할 때마다 운다.

Mis abuelos pelean ***cada vez que*** hablan de política.
우리 할아버지, 할머니는 정치 얘기를 하실 때마다 싸우신다.

Cada vez que voy de paseo me pican los mosquitos.
나는 산책을 나갈 때마다 모기에 물린다.

• recomendar + 부정사 (+명사) ~하는 것을 권하다

Mi entrenador me ***recomendó*** entrenar por las noches.
내 코치는 내게 밤에 훈련할 것을 권했다.

Te ***recomiendo*** que comas muchas frutas y verduras.
네게 많은 과일과 채소를 먹을 것을 권한다.

A mis alumnos siempre les ***recomiendo*** leer mucho en casa.
난 내 학생들에게 항상 집에서 책을 많이 읽을 것을 권한다.

• sacar A de B B에서 A를 꺼내다

Debo ***sacar*** esta espina ***de*** mi dedo, me duele mucho.
손가락에 박힌 가시를 빼야 돼. 너무 아프거든.

El mejor jarabe de arce se ***saca de*** árboles en Canadá.
최고의 메이플 시럽은 캐나다의 나무에서 채취된다.

Ayer me ***saqué*** un mugre ***del*** ojo derecho.
어제 오른쪽 눈에 들어간 흙을 빼냈다.

Día 088

Baile o canto
춤 아니면 노래

F   A mi hijo le encanta bailar y cantar, pero no sabe cuál carrera escoger.

M   Pues **a mi parecer**, debería **optar por** una carrera relacionada con el baile.

F   ¿Acaso tú *lo has visto bailar? **¿Has visto** la forma en que se mueve**?**

M   No, nunca; pero sí lo he oído cantar y créeme, es desastroso.

F   내 아들은 춤추고 노래하는 것을 좋아해. 하지만 무슨 직업을 선택해야 하는지는 몰라.

M   글쎄 내 의견에는 춤추는 것과 관련한 직종을 선택해야 할 것 같아.

F   혹시 걔가 춤추는 거 봤어? 어떻게 몸을 움직이는지 봤어?

M   아니 전혀. 하지만 노래하는 건 들었지. 거짓말 안 하고 그건 완전 최악이었어.

기본 단어 확인

bailar 춤추다   cantar 노래하다   carrera 직업   escoger 선택하다   parecer 의견   optar por... ~을 고르다   relacionar 관련시키다   baile 춤   acaso 혹시   forma 모양   mover 움직이다   oír 듣다   creer 믿다   desastroso 참담한

TIP 여기서 lo(그를)는 hijo를 의미한다.

핵심 표현 익히기

- **a mi parecer** 내 생각에는

A mi parecer deberías trabajar como guía turístico.
내 생각에 너는 관광 가이드를 해야 할 것 같아.

A mi parecer mis padres me están sobreprotegiendo.
내 생각에 우리 부모님은 나를 과잉 보호하셔.

A mi parecer tienes una voz melodiosa.
내 생각에 네 목소리는 멜로디 같아.

- **optar por + 명사** ~을 고르다

Voy a *optar por* vivir sólo en un apartamento.
나는 아파트에 혼자 사는 것을 선택할 거야.

Mi esposa va a *optar por* comprarse un vestido nuevo.
내 아내는 새 옷을 사는 것을 선택할 것이다.

Creo que todos deberíamos *optar por* hacer deporte.
우리 모두는 운동을 해야 한다고 생각해.

- **¿Has visto + 명사?** ~을 본 적이 있니?

¿Has visto cómo juega fútbol ese joven?
저 젊은이가 축구 하는 거 봤어?

¿Han visto al profesor de química?
너 혹시 화학 선생님 봤니?

¿Ha visto la manera en que mi perro le ladra a los extraños?
우리 개가 모르는 사람한테 어떻게 짖는지 봤어?

Día 089

Un diez en matemáticas
수학 100점

F De las dos noticias que me ibas a dar, quiero que comiences con la buena.

M Mami, **saqué** *un diez en matemáticas.

F Felicitaciones hijo, **así se hace**. ¿Y cuál es la mala?

M **La mala noticia es** que lo que acabo de decir es mentira.

F 나한테 전해 주려고 하는 두 가지 소식 중 좋은 소식부터 말했으면 좋겠어.
M 엄마, 수학 시험에서 만점 받았어요.
F 축하해, 아들. 그렇게 하는 거야. 나쁜 소식은 뭐니?
M 나쁜 소식은 제가 방금 말씀드린 게 거짓말이라는 거예요.

기본 단어 확인

de ~중에서   dos 둘   noticia 소식   ir a... ~할 것이다   dar 주다   comenzar 시작하다
sacar ~을 얻다, 점수를 받다   diez 열   matemáticas 수학   Felicitaciones 축하합니다   así
se hace 그렇게 하는 거야   malo(a) 나쁜   lo que... (누가) ~하는 것   acabar de... 방금 ~하다
mentira 거짓말

TIP 여기서 un diez는 10점 중에 10점, 다시 말해 '만점'을 의미한다.

핵심 표현 익히기

- **sacar (la nota)** (성적을) 받다

Mi hija siempre *saca* buenas *notas* en inglés.
내 딸은 영어에서 항상 좋은 성적을 받는다.

Al profesor le gusta que *saquemos las notas* más altas.
선생님은 우리가 더 높은 점수를 받는 것을 좋아하신다.

Mis padres se enojaron porque *saqué* malas *notas* en matemáticas.
우리 부모님은 내가 수학에서 나쁜 점수를 받아 화가 나셨다.

- **así se hace** 그렇게 하는 거야

Ganamos el partido; *así se hace* un buen trabajo.
시합에서 우리가 이겼어. 바로 그렇게 하는 거야.

Hoy te portaste muy bien hija; *así se hace*.
우리 딸 오늘 말 잘 들었어. 그렇게 하는 거야.

Tu entrenador me dijo que eres muy rápido; *así se hace*.
네 코치님이 네가 매우 빠르다고 하더라. 바로 그렇게 하는 거야.

- **la mala noticia es...** 나쁜 소식은……

El día está soleado; *la mala noticia es* que más tarde lloverá.
날씨가 좋다. 나쁜 소식은 이따가 비가 온다는 거야.

Mis abuelos aún están vivos; *la mala noticia es* que están separados.
우리 조부모님은 아직 살아 계신다. 나쁜 소식은 그들이 별거 중이라는 것이다.

Mi perro es muy cariñoso; *la mala noticia es* que no es muy buen guardián.
우리 개는 매우 사랑스럽다. 나쁜 소식은 그 개가 좋은 파수꾼은 아니라는 것이다.

Día 090 El mejor trabajo del mundo
최고의 직업

M ¿Te han hablado tus estudiantes *acerca de la profesión que quieren tener?

F Sí: **muchos de** ellos quieren ser celebridades, pero yo les insisto en que sean profesores.

M Sí ya sé; tú crees que ser profesor **es lo mejor que hay** en el mundo.

F Así es, y **estoy muy feliz de** poder hacer lo que amo.

M 학생들이 갖고 싶은 직업에 대해서 얘기했었어?
F 응, 많은 아이들이 연예인이 되고 싶어 하는데, 내가 선생님이 되는 게 좋을 거라고 말해 줬어.
M 알겠다. 너는 선생님이 세상에서 가장 좋은 직업이라고 생각하는 거야.
F 그래 맞아, 그리고 나는 내가 좋아하는 일을 해서 참 행복해.

기본 단어 확인

acerca de... ~에 관해 profesión 직업 ser ~이 되다 celebridad 유명 인사, 연예인
insistir 강조하다, 주장하다 ya 이미 saber 알다 mejor 최고의 hay 있다 mundo 세계
así es 그렇다 feliz 행복한 amar 좋아하다

TIP acerca de는 sobre와 같은 의미이다.

핵심 표현 익히기

- **muchos de + 복수명사** ~ 중 많은 …은

Muchos de mis amigos son deportistas.
내 친구 중에는 운동선수가 많이 있다.

Muchos de los insectos que pican viven en los bosques.
사람을 무는 곤충들은 대부분 숲에 산다.

Muchas de las cosas que quiero comprar son baratas.
내가 사고 싶은 대부분의 물건들은 값이 싸다.

- **es lo mejor que hay** 제일 좋은 것

Vivir en tierra caliente *es lo mejor que hay*.
따뜻한 곳에 사는 것만큼 좋은 게 없어.

Ir a nadar al océano *es lo mejor que hay*.
바다에 수영하러 가는 것만큼 좋은 게 없어.

En mi opinión, la comida italiana *es lo mejor que hay*.
내 생각에는 이탈리아 음식만 한 게 없어.

- **estar muy feliz de + 부정법** ~하게 되어 기쁘다

Estoy muy feliz de montar mi bicicleta.
나는 자전거를 타서 너무 즐겁다.

Estamos muy felices de caminar bajo la lluvia.
우리는 비를 맞으며 걷는 게 즐겁다.

Veo que *estás muy feliz de* ver tu telenovela predilecta.
좋아하는 드라마를 봐서 네가 매우 즐거워하는 게 보인다.

Día 091~100

Día 091 — Heriste sus sentimientos
넌 그녀의 기분을 상하게 했어

Día 092 — ¿Cuál perro es más inteligente?
어떤 개가 더 똑똑하죠?

Día 093 — No tengo novia
난 여자친구가 없어

Día 094 — Un muñeco de nieve
눈사람

Día 095 — Pocos amigos
많지 않은 친구

Día 096 — Clase de gramática española
스페인어 문법 수업

Día 097 — Necesito gafas
안경이 필요해

Día 098 — Mi computador es muy lento
너무 느린 내 컴퓨터

Día 099 — Se le escapó una tortuga
도망친 거북이

Día 100 — Regalo en día de San Valentín
밸런타인데이 선물

□ MP3 듣기 ▶ □ 저자 강의 듣기 ▶ □ 복습하기

Día 091

Heriste sus sentimientos

넌 그녀의 기분을 상하게 했어

M Fui a cenar a la casa de mi novia pero su mamá **se enojó** mucho.

F No puede ser, ¿hiciste algo malo?

M Yo sólo le *puse un poco de sal a la comida antes de **probarla**.

F ¡Claro, **heriste** sus sentimientos! Deberías saber que su mamá es una chef famosa.

M 여자친구 집에 저녁 식사 하러 갔는데 어머님이 상당히 화를 내셨어.
F 그럴 리가, 혹시 뭐 잘못한 거 있어?
M 나는 그냥 음식 맛을 보기 전 소금을 조금 넣었을 뿐인데.
F 당연하지, 어머님 기분을 상하게 했네! 네 여자친구 어머님은 유명한 요리사인 걸 알았어야지.

 기본 단어 확인

ir 가다 cenar 저녁밥을 먹다 casa 집 novia 여자친구 pero 하지만 mamá 엄마 enojarse 화내다, 노하다 mucho 많이 No puede ser 그럴 리가 없어 hacer 하다 algo 어떤 것 malo(a) 나쁜 sólo 단지, 그냥 poner 넣다, 치다 comida 음식 antes de… ~전에 probar 맛보다 herir 상처를 입히다 sentimiento 감정 deber ~해야 한다 famoso(a) 유명한

TIP poner에는 '놓다', '얹다', '입히다' 등 많은 의미가 있다. 본문에서는 '소금을 치다'의 의미로 쓰였다.

🔍 핵심 표현 익히기

• **enojarse** 성내다, 감정이 상하다

Mi novia *se enojó* porque olvidé su cumpleaños.
내가 생일을 잊어버린 것 때문에 내 여자친구는 화가 났다.

Me enojé con mi hijo porque reprobó su examen de inglés. 나는 아들이 영어 시험에 낙제해서 화가 났다.

Los futbolistas *se enojaron* porque perdieron el partido. 그 축구 선수들은 경기에서 져서 화가 났다.

• **probar** + 명사   ~을 먹어 보다, 맛보다

Probemos la comida; se ve deliciosa.
우리 이 음식 맛 좀 보자. 맛있어 보여.

Voy a *probar* el pollo asado; huele muy rico.
나는 구운 닭 맛을 볼 거야. 냄새가 너무 좋다.

Amigo, *prueba* el arroz. Lo hice con cariño.
친구야, 이 밥 먹어 봐. 정성껏 만들었어.

• **herir** 상처를 입히다, 마음 아프게 하다

Herí a mi amiga al decirle que no me gustaba su color de cabello.
나는 머리색이 맘에 안 든다고 말을 해서 내 친구의 마음을 아프게 했다.

Mi madre me *hirió* con sus comentarios negativos.
우리 어머니는 부정적인 견해를 내비치심으로 나에게 상처를 주셨다.

Los soldados *hirieron* a sus enemigos en la batalla.
그 군인들은 전투에서 적들에게 상처를 입혔다.

Día 092 ¿Cuál perro es más inteligente?

어떤 개가 더 똑똑하죠?

M Mi perro es mucho más inteligente que el tuyo.

F **¿De verdad?** ¿Por qué lo dices?

M Porque **cada mañana** recibe el periódico y me *lo trae a la sala **junto con** mi café.

F *Lo sabía; mi perro me *lo contó todo.

M 우리 개가 너희 개보다 훨씬 똑똑해.
F 진짜? 왜 그렇게 말하는 거야?
M 왜냐하면 매일 아침 신문을 받아서 내 커피랑 같이 거실로 가져다주거든.
F 알고 있었어. 우리 개가 다 말해 줬거든.

기본 단어 확인

perro 개   mucho 훨씬   más 더   inteligente 똑똑한   tuyo(a) 너의 것   ¿De verdad? 진짜?   por qué 왜   decir 말하다   porque 왜냐하면   cada mañana 매일 아침   recibir 받다   periódico 신문   traer 가져오다   sala 거실   junto con ~와 함께   saber 알다   contar 말하다   todo 모든 것

TIP 다섯 번째 줄의 lo는 el periódico를 의미한다. 마지막 줄의 lo는 '개가 커피랑 신문을 가져다주는 것'을 의미한다.

🔍 핵심 표현 익히기

• ¿De verdad? 진짜야?

Estoy muy cansado. – ¿*De verdad*? Qué hiciste?
난 매우 피곤해. – 정말? 뭐 했는데?

Hoy me fue muy mal. – ¿*De verdad*? ¿Qué pasó?
오늘 최악이었어. – 정말? 무슨 일 있어?

Estoy muy lleno. – ¿*De verdad*? ¿Qué comiste?
나 배불러. – 진짜? 뭐 먹었는데?

• cada mañana 매일 아침

Cada mañana me levanto antes de que salga el sol.
매일 아침 나는 해가 뜨기 전에 일어난다.

Cada mañana me tomo un café bien caliente.
매일 아침 나는 따뜻한 커피를 마신다.

Cada mañana puedo ver un lindo amanecer desde mi casa.
매일 아침 나는 집에서 멋진 일출을 볼 수 있다.

• junto con ~와 함께

Hoy traje todos mis libros *junto con* mi equipaje.
오늘 내 짐과 함께 내 모든 책들도 가져왔다.

Tomé gaseosa *junto con* mi hamburguesa.
나는 햄버거와 함께 탄산음료를 마셨다.

Debes llevar esta carta a la oficina *junto con* los demás documentos.
너는 이 편지를 다른 서류들과 함께 사무실로 가져가야 해.

□MP3 듣기 ▶□저자 강의 듣기 ▶□복습하기

Día 093

No tengo novia
난 여자친구가 없어

M Quiero **conseguir** una novia pero **no sé cómo** hacerlo.

F A las mujeres nos gustan los hombres con un gran *sentido del humor.

M ¿En serio? Yo conozco algunas historias divertidas.

F Eso es. Ahora busca una chica y **cuéntaselas**.

M 여자친구를 구하고 싶은데 어떻게 해야 할지 모르겠어.
F 우리 여자들은 유머 감각이 있는 남자를 좋아해.
M 진짜? 나도 재미있는 이야기를 몇 개 알고 있는데……
F 바로 그거야. 이제 여자친구를 찾아서 그것들을 이야기해 줘.

기본 단어 확인

conseguir 얻다   cómo 어떻게   mujer 여성   gran 큰, 훌륭한   sentido del humor 유머감각
conocer 알다   algunos 몇몇의   divertido(a) 재미있는, 유쾌한   buscar 찾다   chica 소녀, 젊은 여자   contar 이야기하다

TIP 감각과 관련된 표현은 이 구조를 응용할 수 있다. '청각'은 sentido del oído, '균형 감각'은 sentido del equilibrio와 같이 표현할 수 있다.

🔍 핵심 표현 익히기

• conseguir + 명사   ~을 얻다

Juan *consiguió* un reloj de plata muy bonito.
후안은 멋진 은시계를 하나 구했다.

Edward *consiguió* boletas baratas para el concierto.
에드와르드는 값싼 콘서트 티켓을 구했다.

Hay que ser muy bueno para *conseguir* un premio como el Nobel.   노벨상 같은 상을 타기 위해선 아주 열심히 노력해야 한다.

• no sé cómo + 동사 (+명사)   ~을 어떻게 해야 할지 모르겠어

No sabes cómo **conducir un auto, ve y aprende.**
너 차 운전 못하잖아. 가서 배워.

No sabemos cómo **resolver estos ejercicios de matemáticas.**
우린 이 수학 문제 어떻게 푸는지 모르겠어.

Mi hijo *no sabe cómo* manejar su bicicleta.
우리 아들은 자전거를 탈 줄 모른다.

• contar + 명사   ~을 말하다, ~을 이야기하다

Cuéntale **al director de la escuela toda la verdad.**
학교 교장 선생님께 모든 사실을 말씀드려.

Contémosle **a nuestro padre lo que ocurrió en el colegio.**
학교에서 있었던 일들을 아버지께 말씀드리자.

Cuéntame **cuál es tu color favorito.**
네가 좋아하는 색이 뭔지 나한테 말해 봐.

Día 094 — Un muñeco de nieve
눈사람

F   Estaré feliz cuando llegue el invierno.

M   ¿Te gusta el frío y la nieve?

F   Sí, mucho. Además **quiero que** hagamos un *muñeco de nieve.

M   ¡Excelente idea! Yo te **ayudaré a decorarlo**.

F   나는 겨울이 오면 좋을 것 같아!
M   춥고 눈이 오는데도 좋아?
F   어, 아주 많이. 게다가 우리 같이 눈사람을 만들고 싶단 말이야.
M   그거 좋은 생각이다! 내가 눈사람 꾸미는 거 도와줄게.

기본 단어 확인

feliz 행복한   llegar 도착하다, 오다   invierno 겨울   gustar ~의 마음에 들다   frío(a) 추운   nieve 눈   mucho(a) 많은   además 게다가   hacer 하다   muñeco 인형   excelente 훌륭한   idea 생각   ayudar 돕다   decorar 꾸미다

TIP 'A de B'는 'B의 A'의 구조이다. 즉, muñeco de nieve는 '눈의 인형', 다시 말해 '눈사람'이 된다.

🔍 핵심 표현 익히기

• **quiero que** + 접속법   ~하면 좋겠다

Quiero que veamos una película de acción.
우리 액션 영화를 봤으면 좋겠다.

Quiero que escuchemos música clásica.
우리 클래식 음악을 들었으면 좋겠다.

Quiero que podemos los árboles del jardín.
우리 정원에 있는 나무의 가지를 쳤으면 좋겠다.

• **ayudar a** + 사람 + a + 동사 + 명사   ~가 …하는 것을 도와주다

Ayudaré a mi profesor *a* limpiar el tablero.
선생님이 칠판 닦으시는 것을 도와드려야겠다.

Ayudemos a la gente pobre *a* conseguir alimentos.
불우한 이웃이 음식을 구할 수 있게 도와주자.

Ayuda a tu mamá *a* lavar y secar los platos.
너희 엄마가 그릇을 씻고 말리는 걸 도와드려.

• **decorar** + 명사   ~을 꾸미다

Quiero *decorar* mi cuarto con afiches de películas famosas.
내 방을 유명 영화 포스터로 장식하고 싶다.

Decoremos el árbol de navidad con muchos adornos.
우리 크리스마스트리를 여러 장식품으로 꾸미자.

Ayer *decoré* mi casa con luces de colores.
어제 우리 집을 여러 색의 전구로 장식했다.

Día 095
Pocos amigos
많지 않은 친구

F Yo tengo **más de** cien amigos. ¿Cuántos tienes tú?

M Yo tengo tres amigos únicamente.

F ¡Qué lástima!, debes sentirte muy solo. Voy a *compartir mis amigos **contigo**.

M **De hecho**, yo no me siento solo; calidad es mejor que cantidad.

F 난 친구가 백 명이 넘어. 너는 얼마나 있어?
M 나는 세 명밖에 없어.
F 참 딱하다! 외롭겠어. 내 친구를 좀 소개시켜 줄게.
M 근데 나는 외롭지 않아. 양보다는 질이 중요한 법이니까.

기본 단어 확인

tener 갖다　más de ~ 이상　cien 100의, 많은　amigo(a) 친구　cuánto(a) 몇 개의　únicamente 단지　lástima 불쌍히 여김, 비참함　deber ~해야 한다　sentirse (자신이 ~라고) 느끼다　solo(a) 고독한　compartir 나누다　contigo 너와 함께　de hecho 사실상, 정말로　calidad 질　mejor 더 좋은　cantidad 양

TIP 친구를 소개시켜 준다는 표현을 '공유한다'는 단어를 써서 재미있게 표현하고 있다.

 핵심 표현 익히기

• más de... ~이상

María tiene *más de* 2,000 libros en su biblioteca.
마리아는 책장에 책이 2,000권 이상 있다.

El ave tiene *más de* 7 colores.
그 새는 7가지 이상 되는 색을 갖고 있다.

Creo que tengo *más de* 18 primos.
내 사촌은 18명이 넘는 것 같아.

• contigo 너와 함께

Quiero ir *contigo* al baile de graduación.
졸업 파티에 너와 함께 가고 싶어.

Necesito hablar *contigo*; es algo muy importante.
너랑 할 말이 있어. 아주 중요한 얘기야.

Creo que trabajar *contigo* en el grupo de ciencias fue la mejor decisión.
과학 그룹에서 너랑 같은 조원이 된 것은 정말 좋은 선택이었던 것 같아.

• de hecho 사실

Estoy muy feliz: *de hecho*, nunca me había sentido así.
나는 매우 기뻐. 사실 이렇게까지 기쁜 적이 없었어.

Quiero viajar: *de hecho*, ahora mismo llamaré a la agencia de viajes.
난 여행을 떠나고 싶어. 사실 지금 당장 여행사에 전화하려고 해.

Mariela no ha estado en Europa: *de hecho*, nunca ha salido del país.
마리엘라는 유럽에 가 본 적이 없어. 사실 그녀는 한 번도 외국에 가 본 적이 없어.

□MP3 듣기 ▶ □저자 강의 듣기 ▶ □복습하기

Día 096 Clase de gramática española
스페인어 문법 수업

F Nicolás, ¿**estás preparado para** la clase de gramática española?

M Creo que sí, maestra; pero por favor haga preguntas fáciles.

F *Está bien. Si digo "soy hermosa", ¿en qué tiempo estoy hablando?

M ¡Uy profesora, **por su edad**, obviamente está hablando **en tiempo pasado**!

F 니꼴라스, 지금 스페인어 문법 수업을 위해 공부하는 거니?
M 그런 것 같아요, 선생님. 근데 제발 쉬운 질문만 해 주세요.
F 좋아. 만약 내가 '나는 아름다워'라고 말하면 어떤 시제로 말하는 거지?
M 아이 참, 선생님 나이면 당연히 과거형으로 말씀하시는 거겠죠!

기본 단어 확인

preparado(a) 준비된   clase 수업   gramática española 스페인어 문법   Creo que sí 그런 것 같아요   por favor 제발   pregunta 질문   fácil 쉬운   Está bien 좋아   decir 말하다   hermoso(a) 아름다운   tiempo 시제   hablar 말하다   profesor(a) 선생님   por ~ 때문에   edad 나이   obviamente 분명히   pasado(a) 지난, 과거의

TIP 영어의 OK에 해당하는 표현이다.

핵심 표현 익히기

- **estar preparado para + 명사** (~에 대한) 준비가 되다

Estoy preparado para cualquier decisión que tomes.
네가 무슨 결정을 하든 나는 준비가 됐어.

Estamos preparados para el reto de hoy.
우리는 오늘의 목표를 위한 준비가 됐어.

Mi papá *está preparado para* las malas noticias que le tengo.
우리 아빠는 나쁜 소식에 대처할 준비가 되어 있어.

- **por su edad** 그(녀)의 나이 때문에

Por su edad debería ir a un asilo de ancianos.
그(녀)의 나이 때문에 실버 요양원에 들어가셔야 해.

Por su edad aún no le venden bebidas alcohólicas.
그(녀)의 나이 때문에 아직 그(녀)에게 술을 팔지 않는다.

Por su edad se le están olvidando las cosas.
그(녀)의 나이 때문에 자꾸 까먹는 일이 생긴다.

- **en tiempo pasado** (문법) 과거형으로

Esa oración está conjugada *en tiempo pasado*.
이 문장은 과거형으로 활용되었다.

El poema de la tarea está *en tiempo pasado*.
숙제로 받은 그 시는 과거형으로 쓰였다.

Tengo que escribir diez frases *en tiempo pasado*.
나는 과거형으로 10문장을 써야 한다.

Necesito gafas
안경이 필요해

F **No puedo** leer mi libro de historia: veo borroso.

M Creo que necesitas gafas. Llama y pide una cita con el médico.

F Es cierto, pero tampoco puedo ver el número para llamarlo.

M *Tranquilo, yo **marco** su número y tú **hablas con** él.

F 역사책을 읽을 수가 없어. 뿌옇게 보여.
M 안경이 필요한 것 같네. 의사한테 전화해서 약속을 잡아.
F 그런 것 같아, 하지만 전화번호조차도 보이질 않아.
M 진정해, 내가 번호를 눌러 줄 테니 의사 선생님과 통화를 해 봐.

기본 단어 확인

leer 읽다 libro 책 historia 역사 ver 보다 borroso(a) 선명하지 못한 creo que... ~라고 생각하다 necesitar 필요로 하다 gafas 안경 llamar 전화하다 pedir 부탁하다 cita 약속 con ~와 함께 médico 의사 cierto(a) 확실한 tampoco ~도 (~ 아니다) número 번호 tranquilo(a) 진정해 marcar 전화번호를 누르다 hablar 말하다

TIP tranquilo는 '침착한'의 의미를 가진 형용사이지만, 본문과 같이 '진정해'의 의미로도 쓰인다.

• No poder + 부정사 ~을 할 수 없다

No puedo encontrar mi corbata morada.
내 자줏빛 넥타이를 찾을 수 없어.

No puedes escuchar porque tienes audífonos.
너는 헤드폰을 끼고 있기 때문에 들을 수 없는 거야.

No podemos volar porque no somos pájaros.
우리는 새가 아니기 때문에 날 수 없다.

• marcar 전화번호를 누르다

Voy a *marcar* el número de los bomberos: hay un incendio.
난 소방서에 전화할 거야. 화재가 났거든.

Por favor *marca* el número de mis padres; quiero hablar con ellos.
제 부모님 전화번호를 눌러 주세요. 그들과 대화하고 싶어요.

Marcaré el número de mi novia; la extraño.
나는 여자친구에게 전화를 걸 것이다. 그녀가 보고 싶다.

• hablar con + 사람 ~와 대화하다

Hoy voy a *hablar con* mi asesor de imagen.
오늘은 내 이미지 컨설턴트에게 전화를 할 것이다.

Ayer *hablamos con* nuestro jefe y nos dio buenas noticias.   어제 우리 상사와 얘기해 봤는데 우리에게 좋은 소식을 전해 줬어.

Tu siempre *hablas con* tu mejor amigo por teléfono.
너는 항상 네 친한 친구와 통화하더라.

Día 098
Mi computador es muy lento
너무 느린 내 컴퓨터

M　Mi *computador es **demasiado** lento.

F　Lo sé: lo tienes **hace** cinco años. Bótalo.

M　Eso es lo que voy a hacer: la verdad quiero tirarlo **por la ventana**.

F　No hagas eso porque podrías pegarle a alguien en la cabeza.

M　내 컴퓨터는 너무 느려.
F　알아. 5년 전에 산 거잖아. 이제 그만 버려.
M　그렇게 하려고. 사실 창밖으로 던져 버리고 싶어.
F　누군가의 머리 위로 떨어질 수 있으니 그렇게 하진 말고.

기본 단어 확인

computador 컴퓨터　demasiado 너무나, 지나치게　lento(a) 느린　saber 알다　tener 갖다　cinco 다섯　año 연　botar 내던지다, 버리다　eso 그것　hacer 하다　la verdad 실은　querer 원하다　tirar 내던지다　ventana 창문　porque 왜냐하면　pegar 치다, 부딪치다　alguien 누군가　cabeza 머리

TIP 스페인에서는 ordenador(a)로, 남미에서는 computador로 쓰는 경향이 있다.

• demasiado 너무나

Mi teléfono celular es *demasiado* costoso.
내 핸드폰은 너무 비싸다.

Los elefantes son *demasiado* inteligentes.
코끼리는 너무 똑똑해.

Estoy *demasiado* cansado, me voy a acostar.
나 정말 피곤해. 좀 누워야겠어.

• hace + 기간 ~ 전에, ~한 지 (얼마나) 되었다

***Hace* 1 año que no entro a un parque de diversiones.**
놀이공원에 못 가 본 지 1년이 되었다.

Me casé con Carmen *hace* 12 años.
나는 까르멘과 12년 전 결혼했다.

***Hace* un año que estudio español.**
나는 스페인어를 공부한 지 1년이 되었다.

• por la ventana 창문으로

Asómate *por la ventana* y ve quién golpea la puerta.
창문 밖으로 고개를 내밀고 누가 문을 두드리는지 봐 봐.

Entró una mosca *por la ventana*.
창문으로 파리 한 마리가 들어왔다.

Me gusta mirar *por la ventana* a la gente que pasa.
나는 지나가는 사람들을 창밖으로 보는 걸 좋아한다.

Día 099
Se le escapó una tortuga
도망친 거북이

F   Tienes el ceño bastante fruncido; pareces enfadado, ¿no es así?

M   Evidentemente lo estoy. ¡*Mi mejor amigo es tan, pero tan estúpido!

F   Oye, **no seas así**. No debes **tratar mal a** las personas.

M   Pues cómo no: ¡si lo **pusieron** a cuidar una tortuga y se le escapó!

F   인상을 상당히 찌푸리고 있네. 화나 보이는데, 맞지?
M   보이는 대로 화나 있어. 내 친구는 하여튼 참 바보야!
F   야, 그러지 마. 사람들을 나쁘게 대하면 안 돼.
M   어떻게 화를 안 낼 수 있겠어. 거북이 한 마리를 봐 달라고 했는데 (한눈판 사이에) 도망갔다면 말이야!

기본 단어 확인

tener 갖다   ceño 찌푸린 얼굴   bastante 상당히   fruncir 눈살을 찌푸리다   enfadado(a) 화난   ¿no es así? 그렇지 않니?   evidentemente 명백히   estúpido(a) 멍청한   no seas así 그러지 마   deber ~해야 한다   tratar 대우하다   tortuga 거북이   escaparse 도주하다

TIP estúpido의 어감을 강조하는 문장 구조이다.

• no seas así 그러지 마

Por favor no grites; *no seas así*.
소리 지르지 말아 줘.

***No seas así*, no digas malas palabras.**
그러지 마. 나쁜 말 하지 말라고.

Mami, déjame salir a jugar; *no seas así*.
엄마, 그러지 말고 저 좀 나가 놀게 해 주세요.

• tratar mal a + 명사 ~를 나쁘게 대하다

No debemos *tratar mal a* nuestros hijos.
우리는 자식들에게 나쁘게 대해서는 안 된다.

El profesor de historia siempre *me trata mal*.
역사 선생님은 항상 나에게 나쁘게 대하신다.

Hoy un policía *me trató mal*.
오늘 경찰관 하나가 나를 나쁘게 대했다.

• poner (~가 …을) 하도록 하다

Mi papá me *puso* a lavar su auto.
우리 아빠는 내가 그의 차를 닦도록 하셨다.

La profesora nos *puso* a hacer una tarea muy larga.
선생님은 우리가 많은 양의 숙제를 하게 하셨다.

Ayer *puse* a mi hija a barrer toda la casa.
어제 딸에게 집 안 곳곳을 쓸도록 시켰다.

Día 100
Regalo en día de San Valentín
밸런타인데이 선물

F　Mario, ¿viste lo que mi esposo me dio en el día de San Valentín?

M　Claro, un vestido. **Fíjate que** *a mi me regalaron un hermoso reloj.

F　**Te envidio** mucho; pero no te lo he visto puesto.

M　Claro que no. No me lo **pongo** porque es un reloj de pared.

F　마리오, 밸런타인데이에 내 남편이 나한테 뭐 줬는지 알아?
M　그럼 알지, 옷이잖아. 있잖아, 나는 아름다운 시계를 선물로 받았어.
F　정말 부럽다. 근데 나는 네가 시계 착용한 걸 보지 못했는데.
M　물론 못 봤겠지. 그건 벽시계라 착용할 수 없었거든.

기본 단어 확인

ver 보다　lo que... (누가) ~하는 것　esposo 남편　dar 주다　Claro 물론이지　vestido 옷　fijarse ~에 주목하다　regalar 선물하다　hermoso(a) 아름다운　reloj 시계　envidiar 부러워하다　poner (시계를) 차다　Claro que no 물론 아니지　pared 벽

TIP 본문에서는 '그들이 나에게 줬어'가 아닌 '누군가 나에게 줬어'의 의미로 a mi me regalaron이 쓰였다.

핵심 표현 익히기

• **fíjate que...** (누가 ~하는 걸) 좀 봐 봐

Amigo, *fíjate que* hoy me fue bien en el trabajo.
친구야. 봐 봐. 나 오늘 직장에서 매우 일이 잘 풀렸다.

Mami, *fíjate que* hoy perdí la evaluación de matemáticas.
엄마, 보세요. 오늘 수학 평가 망했어요.

Hijos, *fíjense que* esta noche vamos a ir a cine.
애들아, 봐 봐. 오늘 밤 우리 영화 보러 갈 거야.

• **te envidio** 네가 부럽다

Amor, *te envidio* mucho; tu mamá cocina muy bien.
자기야, 부럽다. 자기 어머님 요리 정말 잘하시네.

Con ese carro tan lujoso de verdad *te envidio*.
너의 그 럭셔리한 차가 사실 부러워.

Amiga, *la envidio* demasiado; usted tiene dinero y yo no.
친구야, 참 부럽다. 넌 돈이 많은데 난 없어.

• **poner** 입다, 신다, 차다

Hoy me *puse* el vestido rojo para ir a la fiesta.
오늘 나는 파티에 가기 위해 붉은색 옷을 입었다.

Mi esposa se *puso* su collar de perlas.
내 아내는 진주 목걸이를 걸었다.

Mi sobrino siempre se *pone* los zapatos negros.
내 조카는 항상 검은 신발을 신는다.